아테네인, 스파르타인

차례
Contents

고대 문명의 두 중심지

　서유럽에서 발생하고 발전한 소위 서구 문화는 오늘날 세계의 여러 지역에서 주도적이고 중심적인 역할을 담당하고 있다. 그리고 우리나라 역시 전부는 아니라고 할지라도 상당한 정도로 서구 문화의 세례를 받고 있다. 헌법의 제1조에 나오는 "대한민국은 민주공화국이다"라는 문장에서 등장하는 '민주'와 '공화'의 어원과 개념이 고대 그리스, 특히 아테네와 로마의 정치 체제에서 비롯되었다는 데는 이론의 여지가 없으리라.

　서구 문화의 중심축에서 중요한 역할을 하고 있는 것이 바로 고대 그리스의 문화이다. 이제까지 고대 그리스의 정치와 군사, 제도와 예술에 대해 소개된 글은 많지만, 그리스 도시국가들인 폴리스(*polis*)들 중에서 대표적인 두 국가인 아테네

(Athenai)와 스파르타(Sparta)[1]를 대비하여 정리한 글은 그다지 많지 않다. 이제 필자는 고대 민주정으로 유명한 아테네와 '스파르타식 교육'으로 더 잘 알려져 있는 스파르타를 대비하여 두 나라의 장단점과 특징을 부각시켜 보려고 한다. '우리 것'을 확실하게 아는 것도 중요한 일이지만, 우리 것으로 이미 녹아 들어온 '남의 것'을 보다 분명히 이해하고 포용하는 것도 분명 중요한 일이라고 믿기 때문이다.

먼저 우리가 일반적으로 잘 알고 있는 사실로부터 길을 잡아나가 보자. '고대 그리스에는 아테네가 있고, 아테네에서는 민주정치가 시작되었다, 스파르타라는 나라도 있는데 이곳은 스파르타식 교육이라는 엄격한 교육으로 유명하다, 또 고대 올림픽도 그리스에서 시작되었다.' 정도가 아테네와 스파르타에 대한 일반적인 상식 수준일 것이다. 이제 이 출발점에서 좀 더 나아가 보기로 한다.

먼저 알아두어야 할 것은 고대 그리스인이 거주하던 지역은 주로 다섯 부분으로 이루어졌다는 점이다. ① 아테네가 있는 아티카 반도, ② 스파르타가 있는 펠로폰네소스 반도, ③ 에게(Aege) 해의 여러 섬들, ④ 오늘날 터키 서해안 지역인 소아시아, ⑤ 이탈리아 남부 연안 및 시실리 등의 지중해 서부 식민 지역이 그것이다. 그리고 언어로 구분하면 이오니아(Ionia) 방언을 사용하는 사람들과 도리아(Doria) 방언을 사용하는 사람들로 나눌 수 있다. 이 사실을 앞으로 전개될 내용과 연결시켜 간략하게 정리해 보자. 아티카 반도에서 가장 크고 넓으며,

세력이 강한 나라는 아테네이고, 이오니아 방언을 쓴다. 펠로폰네소스 반도에서 가장 세력이 강한 나라는 스파르타이고 이들은 도리아 방언을 사용한다. 이 두 나라는 그리스 전체에서 각각의 방언을 사용하는 나라들의 선두 주자이자 대표쯤에 해당한다.

아테네와 스파르타는 그리스의 많은(대체로 160여 개) 도시국가들(*poleis*) 중에서도 눈에 띄는 특별한 국가들이다. 아테네가 고대 민주정의 대표주자로서, 또 문화적 중심지로서 후대에까지 그 명성을 떨쳤다면, 스파르타는 엄격하다 못해 가혹하기까지 한 교육과 불굴의 용기, 국가에 대한 헌신으로 불멸의 이름을 남기게 되었다. 이 두 나라는 여러 가지 면에서 대조적인 면이 많다. 『스파르타 *Sparta*』(Cambridge, 1952)라는 고전적인 역사서를 저술한 험프리 미첼(Humfrey Michell)은 "강인하고 과묵하며, 명령에 의문을 품지 말고 복종하도록 훈련받았으며, 행동이 느리다는 소리는 듣지만 실제로는 우둔한 것과 거리가 멀고 오히려 지성적인 스파르타인과 경박하고 머리가 빨리 돌아가며 수다스러운 아테네인을 비교해 본다면 놀라울 정도로 대조적"이라고 말하고 있다. 비록 그가 스파르타에 관한 저서를 낼 만큼 스파르타 인에 대해 관심이 많았기에 스파르타인을 보다 좋게 평가한 부분이 있을 것이라는 사실을 인정한다 하더라도, 두 나라 시민에 대한 이 평가는 상당히 사실에 가깝다.

이 두 나라가 항상 서로 대조적인 것만은 아니었다. 특히 아테네와 스파르타의 시민들은 자신들만의 강한 연대 의식을 가지고 있었다는 공통점이 있었다. 그들은 자신들의 폴리스에 대해 커다란 자부심을 가지고 있었다. 스파르타 시민들의 경우 아주 어렸을 때부터 한 곳에서 먹고 자면서 훈련을 받았고, 또 계속 공동생활을 하면서 연대 의식이 배양되었을 뿐만 아니라 국가에 대해 무한한 충성을 강조하는 분위기 속에서 살았으니 그 점에 대해서는 쉽사리 이해할 수 있다.

그러나 아테네의 시민 역시 마찬가지로 강한 공동체 의식을 가지고 있었다. 아테네의 시민들은 전시에 중장 보병으로, 또 함대의 수병으로 같은 대열 속에서 몸을 맞대고 함께 싸웠고, 동맹국과 거류 외인[2], 노예와는 구별되는 특권을 지니고 있어서 계급을 떠나 서로 간에 강한 연대 의식을 가지고 있었다. 그리고 이 결속은 아테네의 뛰어난 문학적·예술적 성취에 대해 시민들이 커다란 자부심을 가짐으로써 더욱 더 강화되었다.

문화적인 면에서 아테네는 서양사에 있어 타의 추종을 불허하는 높은 수준의 창조성과 다양성을 보여주었다. 그리스의 후대 사람들과 르네상스 시기의 유럽인은 기원전 479년에서 336년 사이의 시기를 고전기[3], 즉 그리스 문명의 전성기라고 보았다. 이 150년 정도의 기간 동안 아테네는 그리스 문화의 중심지였으며, 그리스의 학교였다. 이 도시는 그리스 전역에서 가장 재능이 넘치는 예술가와 학자들을 마치 자석과도 같이 끌어들였고, 그 중에는 특히 이오니아 지방[4]에서 온 사람들이 많았다. 이오니아 지방은 고전기의 바로 이전 시기인 고졸기(Archaic age)[5] 그리스 문명의 중심지였다. 아테네에서는 어느 정도 종교적인 터부만 존중한다면, 누구나 자유롭게 말하고, 쓰거나, 좋아하는 것을 만들어 낼 수 있었다. 다시 말해, 신의 존재를 부정하거나, 아테네의 국가 수호신 중 하나를 모욕하거나 하지만 않으면 되었다. 아테네 시민들 중 대다수는 경건한 농민이었고, 신을 불경할 경우에는 무사히 넘어가지 못했다.(소크라테스가 고발당해 독배를 들고 죽어야 했을 때 그 죄목 중의 하나가 신에 대한 불경이었다는 점을 상기해보라!)

그렇게도 많은 지성인과 예술가들이 아테네에 몰렸던 또 다른 중요한 이유는 아테네가 비교적 부유했기 때문이다. 국가와 개인 모두가 예술가들에게 작품을 의뢰했고, 부유한 사람들은 주요한 종교적 축제 때 그 치장을 위해서 개인적으로 많은 돈을 썼다. 아테네 주민 중에 대단히 많은 수가 어느 정도 글을 읽을 수 있었고, 문화에 대한 비판적 판단력을 지니고 있었다. 다시 말해 문화면에서 넓은 시장이 형성되어 있었던 것이다. 지중해 세계 각지에서 온 재능 있고, 창의적인 그리스인들이 아테네의 대중들 앞에 작품을 내놓게 되었다.

더구나 이런 좋은 조건들(재능, 자금, 자유와 관심을 가진 비판적 대중)이 결합하여 건축, 시각 예술, 문학, 철학 분야에서 주요한 발전을 이룩할 수 있는 이상적인 환경이 조성되었다. 민주정을 꽃피우게 했던 위대한 정치가 페리클레스(Perikles)가 이끌던 시기의 아테네는 신전과 조각상, 주랑(柱廊, colonnade)으로 아낌없이 화려하게 꾸며졌고, 중요한 문학 장르들이 발전하였다.

아테네가 이렇게 높은 수준의 문화와 예술의 경지를 후대에 보여주었다면, 스파르타는 또 다른 면에서 모범이 되었다. 국가에 의한 공교육의 창시, 국가에 대한 충성심, 즉 애국심의 끊임없는 고취, 소박한 생활 방식이 바로 그것이다. 그래서 고대 그리스인도 그들 속의 한 도시 국가인 스파르타에 대해서는 하나의 기준이자 모범으로 생각하고 있었다. 바로 아테네의 철학자인 플라톤(Platon)이 이상 국가의 모델을 스파르타에서 찾았다는 것은 잘 알려진 사실이다. 국가에 의한 공교육은 본질적으로 '투철한 국가관'을 심어줄 수밖에 없다. 그리고 이를 극한까지 밀고 나간 나라가 스파르타였다. 스파르타라는 서양 고대의 한 나라가 역사 속에서 갖는 의미는 그래서 기본적인 것이다. 사람이 만든 조직 중에서 가장 강력한 구속력을 갖는 국가와 그 구성원의 관계를 어떻게 설정해야 할지를 보여주는 근본적이고도 가장 극단적인 형태의 모델이 스파르타였기 때문이다.

이제 아테네와 스파르타라는 두 개의 고대 모델에 대한 예시적인 설명은 이만하고 직접적으로 그들의 삶을 들여다보기로 하자. 그 첫 번째 장은 인간이 아니라 신들에 대한 설명으로 시작한다. 두 나라 모두 올륌포스(Olympos)의 열두 신을 주신으로 섬겼으며, 여러 신전에 가서 예배를 드리고 제물을 바쳤다. 그러나 자신들의 성격에 더 잘 맞는 신에게 각별한 애호와 경애를 바쳤는데, 우리가 보기에도 아테네와 스파르타에 각기 더 어울리는 듯이 보이는 여신들이 있으니, 아테나와 아르테미스가 바로 그들이다.

수호신과 종교

두 나라의 상징적 여신들 : 아테나(Athena)와 아르테미스(Artemis)

아테나 : 아테네의 수호 여신

아테나는 제우스(Zeus)와 메티스(Metis) 사이의 딸이다. 그러나 대지의 여신 가이아(Gaia)가 메티스의 자식이 신들을 위협할 것이라고 예언하자, 제우스는 메티스가 출산하기 전에 메티스를 삼켜버렸다. 여러 달 후에 제우스는 엄청난 두통에 시달렸고, 고통에 못이긴 제우스는 대장장이의 신 헤파이스토스(Hephaistos)를 시켜 도끼로 자신의 머리를 쪼개게 했다. 이때 제우스의 머리에서 아테나는 다 자란 모습으로 완전한 무장을 갖추고 튀어나왔으니, 신이라고는 해도 상당히 엽기적인(?) 출산인 셈이다. 아테나는 전쟁과 예술, 공예의 여신으로 특히 아테네에서 수호 여신으로 숭배되었다.(물론 스파르타에서도 아테나는 숭배되었다.)

사실 아테네의 이름도 아테나 여신에게서 따 온 것이다. 아테네의 수호신이 되기 위해 아테나 여신은 바다의 신 포세이돈(Poseidon)과 함께 제각기 신의 능력을 펼쳐보였다. 이때, 삼지창을 던져 땅을 가르고 바닷물을 뿜어 올린 포세이돈과는 달리 아테나 여신은 석회질의 척박한 언덕에 올리브 나무를 자라나게 했다. 결국 아테네 사람들은 자신들의 수호신으로 아테나 여신을 선택했으니, 아테나 여신은 아버지 제우스의 동생이면서 자신에게는 작은 아버지인 포세이돈과 겨뤄 이겨낸 셈이다. 그리고 지혜의 여신 아테나의 가호를 받는 도시답게 아테네는 훗날 그리스 문명의 대표자로 인류 문명사에 그 이름을 깊이 남기게 되었다.

로마 신화도 아테네의 이야기와 비교될 만하다. 로마 신화에 의하면 전쟁의 신 마르스(Mars)가 산들바람으로 변하여 접촉한 레아 실비아(Rhea Silvia)가 낳은 쌍둥이 로물루스(Romulus)와 레무스(Remus) 중에서 로물루스가 로마의 첫 번째 왕이 되어 로마를 건설하였다. 로마가 무력으로 지중해를 제패하여 훗날까지 로마 제국의 명성을 떨쳤던 것도 역시 전쟁 신의 후예라서 그런 것일까?

아테네에서 아테나 여신에 대한 숭배는 모든 사람에게 공통적이고 필수적인 부분이었다. 팔라스 아테나(Pallas Athena)

라고도 부르는 아테나 여신에 대해 기원전 5세기 아테네의 희극 작가로 유명한 아리스토파네스(Aristophanes)는 희곡『기사들』에서 다음과 같이 읊고 있다.

> 팔라스, 우리 폴리스의 수호자
> 경건한 나라,
> 세상 어떤 나라보다
> 전쟁과 시, 국력 면에서
> 뛰어난 나라의 통치자여,
> 오소서.

아르테미스

일반적으로 달의 여신이자 사냥의 여신, 야생 동물의 수호여신으로만 알려진 아르테미스는 여성의 삶과 밀접한 존재이기도 했다. 특히 그녀는 서아시아 세계에 식민시를 세우고 살고 있던 그리스계 사람들의 숭배를 받았는데, 그곳에서는 근동 문명의 영향을 받아 동방적인 풍요의 여신의 모습을 보이게 되었다. 에페소스(Ephesos, 에베소)에 있던 아르테미스 신전은 고대 세계의 7대 불가사의 중 하나이기도 했다. 또한 아르테미스는 스

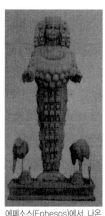
에페소스(Ephesos)에서 나온
아르테미스 여신상.

파르타에서 특별히 숭배되던 여신이었다. 델로스(Delos) 섬과 아티카(Attika) 반도의 브라우론(Brauron)에 있는 아르테미스 성소도 매우 유명하다.

제우스와 레토(Leto) 사이의 딸이자, 아폴론(Apollon)의 쌍둥이 누이인 아르테미스는 종종 활과 화살을 지니고 야생 동물들을 데리고 다니는 것으로 묘사된다. 아르테미스의 영역은 야생 동물이 많은 땅, 특히 개간되지 않은 지역과 숲, 언덕이었다. 그녀는 폭력적인 모습과 가혹한 처벌을 내리는 신으로 자주 나타난다. 그녀는 사냥꾼 악타이온(Aktaion)이 자신의 누드를 보았다는 이유로 사냥개들을 부려 그를 갈기갈기 찢어버리게 하였다. 또 두 자녀밖에 가지지 못한 여신 레토에게 자신은 6명의 아들과 6명의 딸을 가졌노라고 니오베(Niobe)가 자랑했을 때, 아폴론은 그 아들들을, 아르테미스는 그 딸들을 모두 죽이기도 했다. 또 트로이아(Troia) 전쟁 때에 아가멤논(Agamemnon)이 그녀를 모욕했던 것 때문에 그의 딸인 이피게네이아(Iphigeneia)를 제물로 바치도록 강요하였다.

한편 아르테미스가 갖는 특징 중 특기할 만한 것은 그녀가 출산의 여신이며, 사람과 짐승에 풍요함을 가져다주는 여신이라는 것이다. 또한 특히 펠로폰네소스 반도에서는 나무에 많은 열매를 맺게 해주는 능력을 가진 것으로 믿어졌다. 어찌 되었거나 그리스인은 아르테미스가 아이를 낳는 여성의 친구이며 보호자이기는 해도, 처녀인 여신으로 보았다.

스파르타에서 아르테미스는 아르테미스 오르티아(Artemis Orthia)로 숭배되었는데, 고고학적으로 보아 오르티아는 도리아인이 숭배하던 여신이었다. 기원전 1200년경부터 그리스로 이주해 온 도리아인은 자신들의 여신 오르티아와 아르테미스를 합쳐서 숭배했다고 추정된다. 아르테미스 오르티아 제전 때에는 스파르타의 소년들이 제단 위에서 채찍질을 당하며 참는 혹독 시련을 겪었고, 이 제단에 바쳐지는 치즈를 훔치는 것이 아이들의 담력 시험이 되기도 했다.

축제

    그리스의 폴리스들은 각기 수호신을 가지고 있었으며, 수호신의 성소는 도시의 가장 중심이 되는 곳에 화려하게 세워지고 그 폴리스에서 발행하는 주화에 종종 그 모습이 새겨지게 마련이었다. 물론 거의 모든 폴리스들은 그 외에도 다른 여러 신과 영웅들의 신전, 성소, 제단을 가지고 있다. 해마다 이 여러 신들에게 경의를 표하는 축제들이 정기적으로 열렸다. 그리스 각지에서 열리는 축제들은 비슷한 점도 많이 가지고 있었지만, 각각의 폴리스는 자신들만의 고유한 달력을 가졌고, 매달의 이름은 중요한 지역적 축제의 이름을 따서 지어진 경우가 거의 대부분이었다.

아테네 주화.

다른 곳들보다 아테네에 관한 자료가 비교적 많이 남아있기에 이 글에서는 주로 아테네의 축제에 대한 것을 예로 들어 풀어보고자 한다. 아테네에서는 아테네에 중요하다고 여겨진 신들에게 바치는 정규적인 축제를 위해 매달 7일이 할애되었다. 이 기간 동안에는 민주정의 핵심인 민회도 열리지 않았다. 매달 배정된 축제일들 외에도 주요한 축제들이 따로 열렸다. 이 축제일들을 모두 합해보면 일 년에 대체로 150일 정도였다. 축제는 시민들의 종교적·사회적 생활의 중요한 부분이었다. 고대에는 한 주일이 주중과 주말로 나뉘지 않았으므로 축제만이 일하는 날들 사이에 쉬고 재충전할 수 있는 시간을 제공해 주었다. 또, 먹거리가 빵과 야채, 우유와 물고기, 과일 등에만 한정되었던 사람들에게 희생제에서 나온 고기를 맛볼 수 있게 해주기도 했다.

일부 축제는 여성만 참여했고, 다른 일부 축제는 남성만이 참여할 수 있었지만, 남과 여, 시민과 비시민 할 것 없이 개방되어 있는 경우가 훨씬 더 많았다. 물론 모든 사람에게 다 개방되어 있다고는 해도 노동 계층에 있는 사람들이 항상 참여하기는 힘들었다는 점을 기억할 필요는 있다. 아테네에서 거행되는 축제들 중에 가장 눈에 띄는 것은 판아테나이아 축제였다.

판아테나이아(Panathenaia) 축제

판아테나이아 축제는 매년 7월경에 해당하는 헤카톰바이온(Hekatombaion)달[6]에 아테네에서 아테나 여신의 탄생을 기리기 위해 거행되는 중요한 축제였다. 고전기에 이 축제는 8일간 거행되었으며, 그 중 절정이 되는 날은 그 달의 28일째 되는 날이었다. 이 날이 아테나 여신의 탄생일로 여겨졌기 때문이다. 그리고 매 4년마다는 평소보다 더 성대하게 치러졌으며 대(大) 판아테나이아 축제라고 불렸다. 이 대 판아테나이아 축제에서는 동물들을 희생의 제물로 올리고, 운동 경기를 펼쳤으며, 행진도 했다. 또 페플로스(*peplos*)라 불리는 소매가 없는 헐렁한 웃옷이 특별한 수레에 담겨 운반된 다음, 파르테논 신전 내에 있는 거대한 아테나 신상에 헌납되었다.

이 축제는 아테네의 국가 축일이기도 하여 여성, 그리스인이 아닌 외국인, 심지어 노예까지도 참가할 수 있었다. 이때 펼쳐지는 장려한 행진은 이 축제의 핵심이라고 할 수 있는데, 아크로폴리스(Akropolis) 언덕의 파르테논(Partenon) 신전에 있는 박공 띠 조각[7]의 주제이기도 하다. 이 행진은 아테네의 북서

파르테논 신전의 띠 조각.

쪽에 있는 구획인 케라메이코스(Kerameikos)에서 출발하여 아고라(Agora)를 거쳐 아크로폴리스(Akropolis)까지 계속 되었다. 아크로폴리스에 도착한 후, 성대한 희생제를 지내고 고기를 그곳에 모인 대중들에게 나누어주었다. 이때 사용되는 짐승은 아테네의 공금으로 구입한 것으로 100여 마리 이상이나 되었다.

4년마다 열리는 대 축제 때에 열리는 운동 경기와 시작(詩作) 경연, 음악 경연, 갑옷을 차려입은 남성들의 춤, 승마 경기 등은 모든 그리스인에게 개방되고, 여러 날 동안 지속되었다. 그 우승자는 상금이나, 독특한 모양의 판아테나이아 우승자용 단지에 들어있는 올리브 기름을 상품으로 받았다. 운동 경기는 기원전 6세기(아마도 기원전 566년경)에 이 축제 일정에 추가되었고, 곧 그리스 전역에서 유명해졌다. 아테네의 힘이 절정에 달했던 고전기에 판아테나이아 축제는 여신의 옷을 갈아

입히는 단순한 행사가 아니라 아테네가 정신적·물질적으로 풍요함을 과시하는 행사로 그 본질이 바뀌었다.

스파르타의 축제들

스파르타에도 여러 축제가 있었지만, 그 중에 귐노파이디아이(Gymnopaidiai) 축제와 카르네이아(Karneia) 축제가 유명하다. 귐노파이디아이 축제는 기원전 6세기 중엽에 일어났던 인근의 강국 아르고스(Argos)와의 전투였던 튀레아(Tyrea) 전투에서의 전사자들을 추모하기 위해 거행된 축제였다.

이 축제에서 스파르타의 소년과 청년, 노인들은 조를 짜서 돌아가며 노래를 불렀다. 소년들은 그들이 장성하여 어른이 되었을 때 행할 과업에 대해 노래했고, 청년들은 한창 때의 힘과 용맹을 자랑했으며, 노인들은 젊은 시절 자신들이 이루어 놓은 업적을 읊었다. 소년들은 뜨거운 태양 빛에 너무 지치지 않도록 아침 일찍 시작하였고, 건장한 청장년은 오후에 시작하여 소년들 다음을 이어나가며 더위에 대한 참을성도 과시하였다. 노인들은 그 다음, 저녁때나 어스름이 질 무렵에 공연에 참가했다고 보아야 할 것이다. 이 축제는 여러 날 계속되었다고 하는데, 아마도 스파르타의 5개 부족이 하루씩 닷새 동안 지속했을 것이다. 그리고 추정하건대, 마지막 날에는 스파르타의 최고 행정관인 5명의 감독관(ephoroi)이 선도하고 모든 시민들이 참석하는 대행진이 그 축제의 절정을 장식했을 것이다.

이 축제에서 인기 있던 종목 중에 하나는 아나팔레(*anapale*)라 불리는 일종의 레슬링 춤이었다. 이 춤은 소년들이 레슬링 동작과 격투기의 일종인 판크라티온(*pankration*) 같은 격투기 동작을 보이며 우아한 손놀림으로 음악에 따라 박자를 맞추며 움직이는 것이었다. 그들은 열을 지어 플루트 소리에 맞추어 차례로 빙글빙글 돌면서 아프로디테(Aphrodote)와 에로스(Eros) 신이 강림하여 자신들의 용기를 북돋워 달라고 기원하는 노래를 불렀다.

운동 경기

그리스 일반

그리스의 운동 경기에는 트랙 경기와 필드 경기 외에도 권투, 레슬링, 전차 경주 등이 포함된다. 실제적으로 그리스의 운동 경기를 처음 묘사한 것은 호메로스(Homeros)의 서사시 『일리아스』에서 찾아볼 수 있다. 그리스군 최강의 전사 아킬레우스(Achilleus)의 절친한 친구 파트로클로스(Patroklos)의 장례식에서 운동 경기가 열린 것이다. 여기서는 여덟 가지의 운동이 거명되고 있는데, 전차 경주, 권투, 레슬링, 달리기, 투창, 검투 경기, 투원반, 궁술 경기가 그것이다. 이 중 앞의 다섯 가지는 후대의 거의 모든 운동 경기들에서도 시행되었다.

기원전 5세기 중반 이후 그리스 전역에서 펼쳐진 여러 운동 경기들 중에서 가장 중요한 것은 오늘날의 올림픽의 모태가 된 올림피아, 그리고 퓌티아(Pythia), 네메아(Nemea), 이스트미아(Isthmia) 경기였다. 고대 그리스의 운동 경기들 중에서는 오늘날의 마라톤 경주처럼 장거리 경주는 존재하지 않았다. 올림피아와 퓌티아 경기에서는 성인부와 소년부로 나누어진 시합들이 있었고, 네메아와 이스트미아 경기에서는 여기에 청년부[8])도 추가되었다. 운동 연습은 대체로 큄나시온(*gymnasion*, 체육관 혹은 학교)에서 행해졌고, 달리기의 경우에는 야외에서 하는 것이 일반적이었다.

운동선수들은 나름대로 식이요법을 통해 식사를 조절하기도 했다. 오늘날처럼 많은 운동선수들의 아버지가 코치 역할을 하기도 했는데, 지난 대회 우승자가 코치로 초빙되는 일도 많았다. 올림픽 경기 때에는 선수들이 경기 시작 전에 지난 열 달간 정당하게 훈련했다는 맹세를 하였다. 훈련 중이나 시합 중에 운동선수들은 몸에 먼지가 묻어 더러워지는 것을 방지하기 위해 올리브 기름을 바르고 아마포로 문질러 윤을 냈으며, 대체로 벌거벗고 있는 것

달리는 그리스의 운동선수.

이 관행이었다. 오늘날과 다른 점 중의 하나는 트랙 경기나 필드 경기에서 기록을 재는 일이 없었기 때문에 선수들의 운동 능력을 평가하기가 곤란했다는 점이다.

한편 올림피아 경기에서 여성들은 별도의 경기를 치렀는데, 헤라 여신을 기리는 헤라이아(Heraia) 경기가 그것이다. 여기에서는 단거리 경주만이 시합 종목이었다. 흥미로운 것은 남성들의 운동 경기가 벌어질 때, 결혼한 여성들은 참관이 금지되었지만, 처녀들은 허용되었다는 점이다. 아마도 이 관행은 운동 경기가 아가씨들이 남편감을 만날 수 있는 기회라는 생각에서 나온 것으로 보인다. 오늘날 생각으로는 거의 벌거벗고 있는 남성들의 운동 경기를 아가씨들이 관람하는 데에는 용기가 필요했을 법도 하다.(성기의 끝을 잡아 허벅지에 연결시키는 끈 하나는 걸쳤다!) 하지만 오늘날과는 사고방식과 관례가 달랐던 만큼 이 점에 대해 왈가왈부할 수는 없을 것이다.

스파르타의 운동 경기

스파르타에는 그리스 여타 지역과 다른 매우 특이한 두 종류의 운동 경기가 있다. 이 두 종목 모두 격투기의 일종이라고 할 수 있는데, 다른 어느 곳에서도 찾아보기 쉽지 않은 거친 면이 있는 경기들이었다. 첫 번째 것은 연례적인 격투 경기로서 그 명칭은 정확히 알기 어렵다. 한 해에 한 번, 스파르타의 청년들은 두 패로 나뉘어 경기 전날 밤에 제비를 뽑고 그 결과로 어느 쪽이 뤼쿠르고스 (Lykurgos)를 나타내고 어느 쪽이 헤라클레스(Herakles)를 나타낼지를 결정한다.(뤼쿠르고스는 스파르타의 법을 제정했다고 알려져 있었고, 헤라클레스는 스파르타 왕가의 조상이라고 당시 그리스인에게 알려졌다.) 이 의식이 끝나면 그들은 전쟁의 신 아레스(Ares)

달리는 스파르타의 전사.

에게 개를 희생의 제물로 바친다. 다음날, 청년들 두 패는 격투 장소인 강 속의 작은 섬으로 행진하여 뤼쿠르고스와 헤라클레스라고 이름 붙여진 다리를 건너, 섬으로 들어간다. 그곳에서 양측은 놀랄 정도로 미친 듯이 "상대편을 강의 맞은편으로 떨어뜨리기 위해 손을 사용하고, 발로 걷어차며, 물어뜯고 적수의 눈을 후벼 파면서" 서로를 공격한다. 이 경기는 대단히 야만적이고 잔인해 보이기는 하지만, 동시에 겨울에 대한 봄의 승리를 상징하는 종교적 의미가 들어있는 것으로 학자들은 분석하고 있다.

또 다른 것은 역시 연례적인 구기의 일종으로 공이 등장한다 뿐이지 거의 살인적인 격투 대회나 마찬가지였다. 먼저 각 15명으로 구성되었던 양 팀은 낮은 덤불이 있는 들판에서 마주선 다음 신호와 함께 공을 향해 돌진한다. 경기가 끝났을 때

공을 가지고 있는 팀이 곧 승자가 되는 방식으로 진행되었으며, 골대가 있어 그곳을 향해 공을 차거나 점수를 계산하는 방식이 아니었던 것은 분명하다. 공을 갖고 있기만 하면 되었기 때문에, 그 공을 빼앗기 위해서는 어떤 수단을 사용하든 상관없었다. 이 경기들에서 희생자가 나오는 것은 당연한 결과였다. 오히려 희생자가 나오지 않는 것이 이상했다고 보아야 할 것이다.

한편, 흥미로운 것은 스파르타의 입법자라고 알려진 뤼쿠르고스는 운동에서 사람들이 포기하는 습관을 갖지 않도록 권투 경기를 금지했다는 것이다. 그밖에 뤼쿠르고스는 '손을 앞으로 뻗는 행위'가 포함된 어떤 종류의 경기도 금지시켰다고 전한다. 손을 앞으로 뻗는다는 것은 패배의 의미와 자비를 구하는 의미를 가진 동작이었기 때문이다. 하지만 레슬링은 행해졌는데, 어느 한쪽이 완전히 인사불성이 될 때까지 진행되었을 것이라는 것은 불을 보듯 뻔한 일이라 하겠다. 스파르타인의 불굴의 기상은 운동 경기에서도 또 한번 분명하게 나타났던 것이다.

스파르타에서는 소녀들 역시 운동 경기를 즐겨 했는데, 달리기, 레슬링, 투원반, 투창 등의 격렬한 운동에도 참가하였다. 아리스토파네스(Aristophanes)의 희곡에는 뛰면서 발뒤꿈치가 엉덩이에 닿게 하는 비바시스(Bibasis)라는 격렬한 운동을 할 줄 안다고 자랑하는 스파르타 여성이 등장한다. 또 다른 글에서는 '누구도 비바시스를 천 번씩 할 수는 없다'라는 말도 나오는데 정말로 그럴 것 같다! 어쨌거나 스파르타에서는 여성도 이렇게 열심히 운동을 함으로써 강인한 전사를 낳고 기르는 육체적 활력을 갖추려고 했던 것이다.

사회구성과 교육

시민과 비시민

아테네

아테네의 경우, 그 주민들의 구성을 시대별로 모두 알아보는 것은 큰 의미가 없는 일인데다가 또 대단히 번거로운 일이기도 하다. 이 글에서는 편의상 기원전 5세기와 4세기, 즉 고전기 아테네의 주민들에 대해서 살펴보도록 하자. 기원전 5세기 아테네는 그리스의 경제와 문화의 중심지가 되어 있었다. 당연히 그리스 전역에서 많은 사람들이 모여들었고, 그에 따라 인구 밀도도 가장 조밀한 곳이 되었다. 기원전 5세기 중엽의 아테네에는 성인 남성 시민이 35,000명 정도, 성인 남성 노예가 20,000~30,000명, 아테네 출신이 아닌 자유인으로서 아테네에 거주하는 거류외인(居留外人)이 10,000~15,000명 정도 있었다고 추정된다.

이 거류외인은 자유인으로서 신체적인 자유는 누릴 수 있었지만, 아테네 시민권은 가질 수 없었다. 따라서 그들은 아테네의 정치에 참여할 수 없었고, 재판에 출석할 수도 없어[9] 필요한 경우에는 아테네 시민권을 가진 사람의 도움을 받아야 했다. 대부분의 거류외인은 기능공이나 선원, 혹은 단순한 노동자였지만, 일부는 상인이나 의사, 대금업자 같은 중상류층의 사람들도 포함되어 있었다. 그들은 기본적으로 토지를 소유할 수 없었지만, 아주 드물게 아테네에 대한 봉사의 대가로 토지 소유가 허락되는 경우도 있었다.

아테네의 많은 노예들은 여러 가지 직종, 즉 농업과 가사, 그 밖의 전문 직업에서 자유로운 시민들과 나란히 일했다. 특히 은광이나 채석장, 조선소 같은 곳에서는 대규모의 노예들이 한꺼번에 일하고 있었다. 이런 곳에서 일하는 노예들의 처우는 가정이나 소규모 작업장에서 일하는 노예들의 경우보다 훨씬 좋지 않았다. 가정에서 일하는 노예들의 경우는 많은 경우 상당히 따뜻한 대접을 받은 편이었고, 노예 해방의 기회도 더 많이 잡을 수 있었다.

아테네에서 노예는 돈을 모아 스스로의 자유를 사거나 다른 사람이 몸값을 치러준 경우, 혹은 주인의 호의로 해방된 경우에는 거류외인과 비슷한 대접을 받았다. 심지어 노예를 해방시켜 주면서 높은 이자율로 해방의 비용을 빌려주는 주인도 있었다. 아테네의 노예가 대체로 그다지 나쁜 대접을 받지 않았다는 것은 페르시아 전쟁이 끝난 후의 고전기 어느 한 시기에 '노 과두주의자'(Old Oligarch)라 불리는 사람이 시민이나 노예가 겉으로 보기에 별 차이가 없다며 다음과 같은 불평을 할 정도였다는 점에서도 추측해 볼 수 있다.

아테네에서 노예와 거류외인(metoikoi)은 특별할 정도로 버르장머리 없이 살고 있다. 그래도 시민이 그들을 때려줄 수는 없다. 노예는 (시민을 위해) 길을 비켜주려고도 하지 않는다. 다음과 같은 상황을 설정해 보면 그 이유를 설명할 수 있다. 만약에 자유민이 노예나 거류외인, 해방 노예를 때리는 것이 합법적이라고 한다면, 아테네 시민도 노예라는 잘못된 인상을 주게 되어 얻어맞는 일이 종종 일어날 것이다. 왜냐하면 보통 사람들의 의복이 노예나 거류외인보다 더 나은 것이 없고, 외양에 있어서도 그들과 마찬가지이기 때문이다.

기원전 3세기 중엽, 크레테(Krete) 섬 출신의 여행가인 헤라클레이데스(Herakleides)가 남긴 여행기의 단편에는 아테네의 정경이 잘 묘사되어 있다. 헬레니즘 시기의 기록이기는 하지만, 아테네 시민의 생활의 근거들을 이해하는데 도움이 될 것이라 생각되어 인용해보겠다.

도시 자체는 매우 건조하고, 급수도 잘 되지 않고 있다. 길은 오래 전에 건설되었기 때문에 좁고 꼬불꼬불하다. 대부분의 가옥은 싸구려로 지어졌고, 몇 채만이 좀 나은 기준에 따라 지어졌다. 처음 온 사람이라면 이곳이 바로 그 유명한 도시 아테네라고 믿기는 어려울 것이지만, 곧 믿게 될 것이다. 그곳에서 당신은 세상에서 가장 아름다운 광경을 목격할 것이기 때문이다. 크고 인상적인 극장과 장엄한 아테나 여신의 신전이 있다. 이 신전은 세상의 것이 아닌 듯 하며, 볼만한 광경을 연출하고 있는데 극장보다 (언덕의) 위쪽에 자리 잡고 있고 관광객에게 잊지 못할 인상을 남겨준다. 또 (제우스 신전인) 올륌피에이온(Olympieion)이 있다. 반만 지어진 것도 인상적이지만, 완공된다면 가장 장대한 신전일 것이다. 그리고 세 곳의 큄나시온이 있다. 아카데메이아(Akademeia), 뤼카이온(Lykaion), 퀴노사르게스(Kynosarges). 이 세 곳 모두 나무들이 심어져 있고, 잔디밭이 펼쳐져 있다. 아테네인은 모든 종류의 축제를 즐기며, 세상 곳곳에서 온 철학자들은 당신을 기만하고, 기분전환 거리를 제공한다. 또 아테네에는 방해받지 않고 즐길 여흥과 구경거리들이 많다.

스파르타

스파르타에서는 그 주민들의 사회적 구성을 크게 셋으로 나눌 수 있는데, 스파르타 시민, 페리오이코이(*perioikoi*), 헤일로타이(*heilotai*)가 그것이다.

스파르타 시민은 다른 그리스 폴리스들과 똑같이 시민권을 향유하는 일종의 전사 귀족이었다. 이들은 기원전 1000년경에 펠로폰네소스에 들이닥친 도리아(Doria)인으로서, 자신들은 헤라클레스의 후손이며, 예전의 영토를 되찾았다는 주장으로 자신들의 정복을 정당화하였다. 이를 일컬어 '헤라클레이다이[10]의 귀환'이라고 부르며 이들은 펠로폰네소스 반도의 남부에 위치한 라코니아(Lakonia) 지역에 자리잡은 에우로타스(Eurotas) 계곡에 정착하였다. 그리고 이들은 다른 도리아 부족들이 정착한 지역을 정복함으로써 라코니아 전역의 지배권을 획득하였다. 이 과정에서 '페리오이코이'와 '헤일로타이'라는 계층이 나타나게 되었다. 앞서 살펴본 아테네의 경우와 비교해본다면 페리오이코이는 거류외인, 헤일로타이는 노예와 비교될 수 있겠지만, 이들의 특성은 상당히 달랐다.

스파르타의 전사.

페리오이코이가 같은 도리아인인지 여부는 불분명한 면이 있지만, 어쨌거나 그들은 자신들의 공동체를 형성하는 자유민이었고, 자치권을 가지고 있었다. 외교와 군사 문제에 있어서는 스파르타인의 통제를 받아야 했지만, 스파르타인이 스스로를 공식적으로 부르는 명칭인 '라케다이몬(Lakedaimon)인'이라는 단어에는 페리오이코이가 포함되어 있으니만큼 이들도 엄연히 스파르타라는 폴리스의 일원이었다. 스파르타 시민은 기원전 7세기 이후 이웃해 있는 풍요한 지역 메세니아(Messenia)를 병합하여 펠로폰네소스 반도의 절반 정도를 정복하게 되자, 스스로를 전사단의 일원으로 바꾸어 철권 통치의 길로 들어섰고, 이후 다른 직업을 갖지 않았다. 그리고 페리오이코이는 수공업, 무역 및 그 밖의 산업 활동에 종사함으로써 국가 운영에 필요한 경제적 활동을 담당하였기에 이들은 스파르타의 체제를 유지해 나가는 데 중요한 한 요소가 되었다.

한편 헤일로타이는 도리아인의 정복 시에 원주민이었던 사람들의 후손이라고 알려진 라코니아 지역의 헤일로타이와, 메세니아를 정복한 후 이 지역 주민을 노예화해서 만들었던 메세니아의 헤일로타이가 있다. 이들 중 후자는 일반적인 노예와는 달리 예전의 국가적 전통에 대한 기억을 보존하고 있었고, 스파르타의 시민 수에 비해 통상 20배 이상으로 추정되는 수효로 인해 언제나 스파르타의 가장 큰 위협으로 잠재해 있었다. 그리고 이 위협이야말로 스파르타인이 독특한 스파르타식 생활 방식을 채택하게 된 이유의 처음이자 마지막이었다. 스파르타 시민늘은 이 메세니아 헤일로타이를 제어하기 위해 스스로 금욕적인 전사들이 될 수밖에 없었기 때문이다.

헤일로타이는 일종의 국가 노예로서 대우받았다. 이 말은 개별적인 스파르타 시민이 헤일로타이를 해방할 권리가 없다는 점과 스파르타 시민이라면 누구든지 눈에 띄는 헤일로타이에게 일을 시킬 수 있다는 점을 의미했다. 다른 그리스 폴리스에서 노예는 그렇게까지 가혹한 대우를 받지 않는 것이 일반적이었던 데 반해, 스파르타는 헤일로타이에 대해 억압적인 태도로 일관하였다. 그들은 외모부터 식별이 될 수 있도록 헤일로타이에게 개가죽 모자와 가죽조끼를 입혔으며, 노예라는 신분을 잊지 않도록 반항 여부와 관계없이 연중 일정한 수의 매를 때렸다. 그리고 그들을 국가에서 배당받은 주인이 억센 헤일로타이를 감시, 감독하지 않은 경우에는 벌금을 부과할 정도였다.

또한 역사가 투퀴디데스(Thucydides)에 의하면, 그들은 국가에 공을 세운 헤일로타이에게조차 지독한 짓을 했다는 것이다.

사실상 그들(헤일로타이)의 젊음과 수효를 겁내어 (왜냐하면 실제로 라케다이몬인의 대부분의 체제는 헤일로타이에 대한 방어 때문에 채택되었기 때문) 한 번은 심지어 다음의 계획에 의존했던 것이다. 그들(라케다이몬인들)은 전쟁에서 라케다이몬인에게 최상의 봉사를 했다고 주장하는 모든 헤일로타이는 따로 모여 있으라고 표면상 해방시켜 주는 듯이 포고하였다. 사실상 그들은 스스로를 위해 해방될 첫 번째 권리를 가지고 있다고 주장하는 자들이 바로 그들의 주인을 가장 공격하기 쉬운, 용기가 있는 자들이라고 생각하여 그들을 시험했던 것이다. 그들 중에 2,000명 정도가 선발

되었으며, 머리에 관을 쓰고 이미 해방된 것처럼 신전 주위를 돌았다. 그러나 얼마 후에 스파르타인은 그들을 인솔하여 떠났고, 그들이 어떻게 죽었는지는 아무도 몰랐다. 『펠로폰네소스 전쟁사』(4.80.3~5)

한편 헤일로타이 중에 특출한 자는 크립테이아(Krypteia)로 불리는 일종의 비밀경찰 혹은 '특전단'에 의해 살해당하기도 했다고 플루타르코스는 전하고 있다.

소위 스파르타인의 크립테이아는 (……) 다음의 속성을 지닌다. 정부(즉, 감독관들)는 때때로 젊은 전사들 중에 가장 뛰어난 자들을 지방 각지로 파견한다. 이들은 단검과 필요한 만큼의 식량만을 가지고 낮에는 눈에 띄지 않고 인적이 드문 장소에 흩어져 몸을 숨기고 조용히 누워 있다가, 밤이면 길에 나와 잡히는 모든 헤일로타이를 죽였다. 또한 종종 헤일로타이가 일하는 들판을 지나다가 그들 중에서 가장 건장하고 힘센 자를 죽였다. 「뤼쿠르고스전」(28.1~3)

여성

아테네 여성

그리스 사회도 역시 대부분의 다른 역사 시기와 마찬가지로 남성 중심 사회였던 것은 새삼 강조할 필요가 없을 것이다. 이 점은 민주 정치가 꽃피었던 고전기의 아테네에서도 마찬가지였다. 아직도 논란은 있지만, 분명한 것은 대부분의 역사적 자료와 당시의 문학 작품들에서 보여주는 여성은 적어도 공적 영역의 활동에서는 배제되어 있었다는 것이다. 그들은 투표권도 가질 수 없었고, 민회에 참석할 수도 없었으며 공직에 나가거나 그밖에 어떤 식으로든 직접적으로는 정치에 전혀 참여할 수 없었다. 한편 사적 영역에서도 여성의 지위가 그렇게까지 보장된 것은 아니었다. 즉, 여성은 아버지나 남편, 그도 아닐 경우는 다른 친척 남성의 보호와 통제 아래 있어야 했기 때문이다. 그러나 일반적으로 인식되고 있는 것만큼 여성의 처지가 열악한 것만은 아니었다.

결혼 전의 정식 약혼식은 그리스 전역에서 일반적이었고, 여성의 나이가 아주 어릴 적에 약혼식을 치르기도 하였다. 기원전 4세기 때의 유명한 아테네 연설가인 데모스테네스(Demosthenes)의 누이 동생은 약혼했을 때의 나이가 5살이었다.(물론 이 경우는 그녀가 고아였기 때문에 예외적이라 볼 수도 있다.) 여성의 결혼 적령기는 대체로 만 14~18세 사이였던 반면에 남성의 경우는 30세가 넘어서 결혼하는 경우가 일반적이었으므로 부부간의 관계라는 것이 마치 부녀 관계 비슷하게 되어버리는 일이 왕왕 일어나게 마련이었다. 여성은 자신의 결혼 상대를 스스로 찾거나 결정할 수 있는 권한이 없다시피 했고, 결혼 시에 가지고 가는 지참금(혹은 寡婦産, dowry) 역시 남편이나 아들, 혹은 친척 남성이 관리했다. 여성이 주도하는 이혼도 쉬운 것은 아니어서, 결혼 생활이 끝난 뒤에 그녀를 책임져야 하는 남성 후견인(대개 친정아버지나 가까운 친척 남성)이 동의를 해주어야 했다. 이혼하게 되는 경우 그녀가 가져갔던 지참금은 도로 가져올 수 있었지만, 여전히 친정아버지 혹은 후견인 역할을 하는 남성이 관리하였다.

한편 가내수공업 사회인 아테네에서 여성은 가정에서 주로 여성 가내 노예들과 함께하는 활동들인 실잣기, 직물 짜기 등의 활동을 하고 있었고, 가난한 여성은 생계를 위해 시장에서 활동하는 모습이 여러 문학 작품에 나오고 있다. 이런 점들로 미루어 여성도 소규모 상업 활동을 하고 있었으며, 가정 경제에 기여했다고 판단할 수 있다. 또한 지참금은 여성이 아버지에게 상속받는 재산이며 여성 스스로가 지참금에 대한 권리를 갖고 직접적으로 사용하지는 못했으나, 이 지참금이 여성의 부양과 재혼에 쓰이고 남성 집안의 재산 형성에 기여함으로써 이혼을 방지하는 기능도 가지고 있었음을 고려해 본다면 여성의 역할이 그리 작은 것이 아님을 알 수 있다.

고대 사회에서 거의 다 그랬듯이 아테네의 기혼 여성의 가장 중요한 임무, 혹은 책임은 가문(oikos)을 이어나갈 아들을 낳는 것이었다. 하지만 아들을 낳지 못하고, 딸밖에 갖지 못했다면 그 딸은 그 집안의 상속녀, 그리스어로는 에피클레로스(epikleros)가 되었다. 그럴 경우 이 상속녀는 법에 의해 바람직한 남자 후손을 낳기 위해 친가 쪽으로 가장 가까운 친척과 결혼해야 했다. 아테네식의 사고방식으로는 여성이란 가문을 존속시키기 위한 남성 상속인을 낳고 기르기 위해 한 가정에서 다른 가정으로 '대여'되는 존재였기 때문이다.

아테네 남성의 여성에 대한 태도에 대해서 기원전 4세기의 정치가이자 연설가인 데모스테네스(Demosthenes)는 다음과 같이 정리하고 있다.

> 우리에게는 쾌락을 위해 고급 창부(*betairai*)가 있고, 일상적으로 우리의 신체를 돌봐주기 위해 내연의 처(*pallakai*)가 있으며, 합법적인 아이를 낳아주고 집안을 충실히 관리하기 위한 아내(*gynaikes*)가 있다.

그리고 여성에 대한 교육은 주로 집안 관리, 직물 짜기와 같은 가사 활동에 관한 것과 물레질과 바느질 등의 여성 고유의 수작업 기술과 읽기와 쓰기와 셈하는 것을 어머니에게서 기초적인 정도로 배우는 정도였다. 사실 제대로 교육을 계속하려고 해도 남성에 비해 이른 나이에 결혼을 해야 했으니 그 이상 교육을 받고 싶어도 시간이 없었을 것이다. 그리고 당연히 교육에 대한 기회는 하층 계급으로 내려갈수록 더 적었다.

스파르타 여성

스파르타인이 다른 그리스인과는 아주 달랐듯이, 스파르타 여성의 훈련과 행실 역시 독특하였다. 스파르타 여성의 아름다움과 우아함은 도처에서 유명했고, 호메로스가 트로이아 전쟁의 원인이 된 헬레네의 아름다움에 대해서 읊은 이래 스파르타 여성은 그리스에서 가장 아름답다고 인정되었다. 기원전 2세기의 저술가인 렘보스(Lembos) 출신의 헤라클리데스(Heraclides)는 세상에서 가장 잘 생긴 남자들과 가장 아름다운 여자들은 스파르타 출생이라고 썼다. 그러나 이 칭찬은 분명히 치장하지 않은 아름다움에 대한 것일 것이다. 왜냐하면 적어도 스파르타의 전성기에는 스파르타 여성들이 치장하거나 보석류를 걸치는 것이 금지되었고, 화장품이나 향수를 쓰는 것도 허용되지 않았기 때문이다. 그래서 서기 2세기에 활약했던 저술가 루키아노스(Lucianos)는 "스파르타식으로 머리를 바짝 깎아서 사내아이처럼 보일 뿐 아니라 아주 남자 같은 여성"이라고 말하고 있기도 하다.

한편 플루타르코스에 따르면 스파르타 여성들은 남자들과 자유롭게 어울리고 운동을 함께 하였다. 그는 또 말하기를 뤼쿠르고스가 젊은 여성들이 옷을 벗고 운동하고, 행진하도록 했는데, 그는 이에 대해 "지나친 소심함이나 밖으로 나오는 것에 대한 두려움 등 여성답다고 여겨지는 모든 태도를 버리도록 하기 위함"이라 말했다. 이 놀라운 관습을 변명하기 위해 그는 곧 다음과 같은 말을 덧붙였다. "젊은 처녀들이 벌거벗었으나 부끄러움이란 없었고, 정숙했으며 음탕함은 배제되었다. 이는 젊은 여성들에게 소박함과 건강에 대한 관심을 가르치고, 고상한 정신을 지니도록 한 것이다. 그럼으로써 여성들도 고귀한 행동과 영광을 추구할 수 있도록 기회를 준 것이다." 그러나 스파르타의 처녀들이 운동과 행진에서 벌거벗고 다녔다는 것이 사실인지는 조금 의심스럽다.

스파르타의 어머니들이 전투에 나가는 아들에게 방패와 함께든지 아니면 방패 위에 얹혀서 돌아오라고 했다는 이야기(전투에 승리하고 돌아오든지 아니면 전사하여 돌아오라는 뜻)는 유명하다. 스파르타의 여성은 시련과 위험이 닥치면 남자들과 함께 싸웠다. 헬레니즘 시대에 스파르타가 에피로스(Epiros)의 왕 퓌로스(Pyrrhos)에게 공격받자, 여자와 아이들은 크레테(Krete) 섬으로 피난시키자는 의견이 나왔다. 그러나 이 제안을 모두 거부하고 아르키다미스(Archidamis)는 여성들을 대표하여 손에 칼을 들고 장로회로 나가, 남성들은 여성들이 스파르타의 폐허에서 여성들이 살아남기를 바라느냐고 물었다. 여성들은 젊거나 늙었거나, 모두 의복을 졸라매고 노인들이 성 주위에 참호 파는 것을 도우러 나갔다. 부인들은 다음날 아침에 있을 습격에 저항하게 될 청년들에게 나머지 사람들과 작별 인사를 하게 했고, 동틀 녘이 되자 무기를 든 청년들에게 그들에게 참호 방어의 책임을 맡기며 용감하게 싸우라고 다음과 같이 격려하였다. "조국이 지켜보는 앞에서 싸워 승리하는 것은 행복한 일이며, 스파르타인으로 싸우다가 쓰러져 어머니와 아내의 품에서 죽는 것은 영광스러운 일이다." 기원전 371년에 있었던 레욱트라(Leuktra) 전투에서 스파르타군이 패배한 후에 전사자들의 가족들은 기뻐했던 반면에 생환자들의 가족들은 수치스러워 했던 것은 유명한 사실이다.

그러나 철학자 아리스토텔레스(Aristoteles)는 스파르타 여성에 대해 호의적인 시선을 보내지 않았다. 스파르타 남성들이 힘들고 금욕적인 삶을 시작함에 따라 그들은 여성들을 버릇없이 만들어 놓았고, 그 결과 그녀들은 모든 부도덕한 방종과 사치에 대한 구속이 없이 살고 있다고 하였다. 또한 테바이(Thebai)의 침략이 있었을 때, 통제되거나 훈련되지 않았기에, 여성들은 다른 도시의 여성들과 마찬가지로 아무 쓸모가 없었을 뿐 아니라, 심지어 적보다 더한 소란을 피웠다는 것이다.

여성들을 자신의 체제에 맞추려는 뤼쿠르고스의 모든 노력은 완강한 저항에 부딪혀 완전히 실패하고 말았다. 여성 상속인을 제외한 남성의 수가 적었기 때문에 토지와 부의 2/5가 여성들의 손에 들어가게 되었다. 그리고 그녀들은 이 부를 올림픽에 내놓을 경주마들을 기르는 것과 값비싼 마차, 좋은 옷을 사는 데 낭비하였다. 그녀들은 국사(國事)에 간섭하였고, 정부 활동에 부당한 압력을 행사하였다.

한편 플루타르코스가 수집한 스파르타 여성들의 이야기를 잘 읽어보면 교양 있는 부인이라기보다는 야만적인 아내와 어머니에 더 어울릴 듯한 거친 아마조네스 여전사 같은 인상을 받는다. 다음의 이야기는 플루타르코스가 스파르타 여인들이 무정하다는 것을 인정하려는 것인지, 아니면 예외적인 것인지는 확실치 않다.

아들이 다가오는 것을 보고 있던 한 여인이 "우리 조국은 잘 지내는가?"라고 물었다. 그리고 아들이 "모두 죽었어

요.”라고 대답하자, 그녀는 “그놈들이 그 나쁜 소식을 우리
에게 전하게끔 너를 보냈구나!”라고 말하며 기왓장을 집어
던져 아들을 죽여 버렸다.

스파르타 역사에서 가장 흥미롭게, 또 제법 상세히 묘사되고
있는 여성은 클레오메네스 1세의 딸이자, 레오니다스(Leonidas)
왕의 왕비가 되었던 고르고(Gorgo, 기원전 506년경 출생)이다.
약간 길지만, 플루타르코스가 『모랄리아 Moralia』에서 묘사하
고 있는 고르고에 관한 일화를 인용하면 다음과 같다.

　　1. 밀레토스인 아리스타고라스(Aristagoras)가 이오니아인
　을 지원하여 페르시아 왕을 상대로 전쟁을 하도록 클레오메
　네스를 부추기면서 상당량의 금전을 약속하였다. 그리고 왕
　이 거절할 때마다 그 액수를 더 늘리자, 왕의 딸 고르고가
　다음과 같이 말하였다. “아버님, 이 비루한 외국인을 밖으로
　빨리 내쫓지 않으면 아버님을 완전히 타락시켜 버릴 거예
　요.”
　　2. 한 번은 그녀의 부왕이 어떤 사람에게 대가로서 곡식
　을 주라고 이르면서 덧붙였다. “이는 그 사람이 내게 포도
　주를 정말 맛있게 만드는 방법을 가르쳐 주었기 때문이란
　다.” 그녀가 말하길, “아버님, 그렇다면 더 많은 포도주를
　마시고 취하게 될 것이고, 술 마시는 사람들 역시 더 야단법
　석을 떨 것이며 타락하고 말겁니다.”

3. 아리스타고라스가 하인 중의 한 명을 시켜 신발을 신기게 하는 것을 본 그녀는 다음과 같이 말했다. "아버님, 저 외국인은 손도 없네요."

4. 멋진 자수로 꾸며진 겉옷을 입은 외국인이 그녀에게 다가왔을 때, 그녀는 다음과 같은 말로 그를 내쳤다. "여기서 나가주겠어요? 당신은 여자 역을 연기할 줄도 모르잖아요."

5. 아티카에서 온 여성이 다음과 같이 물었다. "스파르타 여성이 남성을 지배하는 유일한 여성들인 이유는 뭐죠?" 그녀는 이렇게 답했다. "우리가 남성을 낳는 유일한 사람들이기 때문이죠."

6. 그녀의 남편 레오니다스가 테르모퓔라이(Thermophylai)로 떠날 때, 스파르타인다운 모습을 보여 달라고 격려하며 그녀가 해야 할 일을 물었다. 레오니다스는 이렇게 말했다. "훌륭한 남성과 결혼하여 좋은 아이들을 낳으시오."

교육

아테네 : 수사학 교육

그리스 문화가 아테네에서 꽃피우던 고전기가 한참 진행되었던 기원전 5세기 후반에서 4세기 초에 여러 곳을 돌아다니던 수사학 교사들이 본격적으로 돈을 받고 가르치는 일을 시작했다. 사실 수사학이란 민주적인 체제 하에서는 공적인 행사에 적극적으로 참여하려는 사람에게는 큰 힘을 줄 수 있는 학문으로서 당시 민주정을 채택한 폴리스들, 그 중에서도 그리스 전체에 영향력을 행사하고 있으며, 경제적으로도 한창 번영했던 아테네에서 크게 소용이 되었다. 공적인 자리에서의 연설과 글에서의 수사법은 민주정 아래서의 정치적 기관들과 법정, 여러 종류의 제전과 시합에서 필수적인 기술이었기 때문이다. 이로 인해 당시 여러 곳에서 나고, 공부했던 수사학 교사(소피스트 Sophist)들에게 아테네는 최고의 직장을 제공해 주는 황금 시장이 되었다. 이곳에서 교사들은 수사학을 배우는 데 돈을 아끼지 않았던 부유한 제자들을 찾을 수 있었기 때문이다. 그들이 가르쳤던 수업의 내용은 부유층의 자제들에게 다른 사람을 접할 때 매우 유리한 상황을 만들어 주었다.

그리고 소피스트들은 수사학 이외에도 국가와 사회, 언어와 인간 행동의 기준 같은 문제들에도 깊이 생각하여, 예전과는 사뭇 다른 인문학 체계의 기초를 쌓아 올리게 되었다. 그리고 그들이 쌓아 올린 기초 위에서 아테네를 중심으로 그리스 전체(스파르타 제외)에 교육을 위한 체계가 발전되어 퍼져나갔다.

부유층의 아이들은 8세에서 12세 사이에 자신의 집이나 교사의 집으로 가서 읽고 쓰는 법, 간단한 계산 등을 배우는 가장 기초적인 과정을 거쳤다. 그 다음으로 대개 3년 정도의 시간 동안 고전 그리스의 문학 작품들, 특히 호메로스에 대해 집중적으로 가르침을 받았다. 그리고 난 후에야 대개 학교를 세워 제자들을 가르치고 있는 수사학자들에게 가서 웅변술을 배우게 되었다.

기원전 4세기에 아테네에서 가장 잘 알려진 수사학자는 페르시아의 위협에 대응해 그리스 전체가 힘을 모아야 한다고 주장했던 이소크라테스(Isokrates)로 그는 연설가이자 정치평론가이기도 했다. 한편 법률과 법칙들이 절대적인 것이 아니라고 생각했던 일부 소피스트와는 달리 법률은 절대적 윤리 기준에서 나왔다고 생각한 철학자 소크라테스(Soktrates)와 그의 수제자 플라톤(Platon)이 있다. 흥미로운 것은 아리스토파네스의 희극『구름』에서의 묘사에 의하면 당시의 아테네 사람들이 소크라테스가 소피스트 중에서 가장 심한 주장을 펴는 사람이라고 생각했다는 점이다.

　한편 플라톤은 제자들과 함께 자신의 이론을 토론하는 학교인 아카데메이아(Akademeia, 즉 아카데미)를 세웠고, 이 학교는 서기 529년까지 플라톤 철학의 중심지로 남아 있었다. 그래서 플라톤의 추종자들은 뒤에 아카데미 학파라고도 불리게 되었다. 그리고 플라톤의 제자인 아리스토텔레스 역시 뤼카이온(Lykaion)이라고 불리는 학교를 세웠다. 당시의 '아카데메이아'나 '뤼카이온'이라는 단어는 아테네에 있는 건물이나 장소들을 말하는 것이었다.

스파르타 : 스파르타식 교육

　스파르타에 관한 것 중에서 우리에게 가장 잘 알려진 것은 역시 교육일 것이다. '스파르타식 교육'이라고 우리가 흔히 이야기 하지만, 스파르타인은 그저 자신들의 교육을 아고게(agoge),

즉 훈련이라고만 불렀다. 이 훈련은 스파르타의 다른 생활 방식과 마찬가지로 잘 훈련된 전사단의 유지라는 단 하나의 목적을 위해 바쳐졌다. 그럼으로써 내부의 반란을 진압하고, 외부의 적을 방어하기 위한 것이다. 특히, 내부의 반란 진압은 헤일로타이라는 독특한 피지배 계급의 성격 때문에 더욱 중요한 것이었다. 이에 따라 훈련 과정에서는 육체적 훈련과 함께 국가에 대한 복종심과 충성심의 함양이 가장 중요한 것이었다.

이를 위해 훈련은 매우 이른 나이, 7세(만 6세)부터 시작되었다. 이로부터 6년간은 파이디온(*paidion*)이라는 등급에 속해 있으며, 기초적인 교육을 받게 된다. 그리고 13세가 되었을 때, 본격적인 훈련에 들어가게 된다. 이 시기부터 6년간은 아마도 헤본(*hebon*, 청소년)으로 불렸던 것으로 보인다. 머리는 짧게 잘라야 했고, 신발도 신지 못했으며, 단 한 겹의 옷만으로 사철을 견뎌내야만 했다. 잠자리는 에우로타스 강변에서 손으로 직접 뜯은 골풀로 마련해야 했고, 그리 많지 않은 식사량을 보충하기 위해 때로는 먹을 것을 훔쳐야만 했다. 그러다가 붙잡히면 심하게 얻어맞는 것은 예사였다. 훔치는 것이 나쁘다는 도덕적인 면에서의 처벌이 아니라, 단지 붙잡혔다는 이유에서였다. 19세가 되면 에이렌(*eiren*) 등급이 되었다. 이때부터는 전투에 나가는 것이 가능했고, 소년들로 이루어진 소대의 감독자, 즉 소대장이 되었다. 24세가 되어서야 정식 전사가 되며, 30세가 넘으면 시민권을 획득하게 된다. 그리고 이 나이가 되면 병영에서 벗어나 자신만의 가정을 꾸리게 된다.

이 훈련 과정에서 구체적으로 어떤 것을 가르쳤는지에 대해서는 잘 알려져 있지 않지만, 대체적으로 기본적인 읽기와 쓰기 훈련, 그리고 아마도 옛날이야기 수준에 가까웠을 것이 분명한 역사 교육이 이루어졌을 것이다. 한편 음악은 매우 중시되었으며, 특히 행진곡과 합창에 대해서는 상당한 열의를 가지고 교육되었다. 그리고 무엇보다 체육과 군사 훈련이 가장 많은 비중을 가지고 다루어졌다는 것은 더 말할 나위도 없이 분명하다.

소크라테스의 제자였으며, 저술가이자 장군이기도 했던 크세노폰(Xenophon)이 쓴 「스파르타의 국제」(*Lakedaimonion Politeia*) 제2장은 파이데이아(*paideia*), 즉 소년에 대한 교육을 다루고 있다. 그는 교육의 목적이 복종적이고, 존경할 만 하며, 자제할 줄 아는 남자를 만드는 것이라고 보았으며, 이런 면에서는 스파르타인이 다른 그리스인을 능가한다고 믿었다.

정치와 군사

민주정 vs 이왕정

아테네

아테네는 유명한 아테네 민주정으로 절정에 이르는 독특한 발전 과정을 겪었다. 아테네를 일명 '그리스의 학교'이자, 고전 문화의 중심지로 만들었던 것은 바로 민주정이었다. 아테네는 기원전 900년경에 기하학적 문양의 도기를 발전시켜 경제적 번영과 문화적 성취를 이루기 시작했다. 그러나 기원전 8세기에 들어서면 코린토스(Korinthos, 고린도) 같은 다른 도시국가들도 번영하기 시작했기 때문에, 아테네의 발전은 일시적으로 멈추었다. 이미 아테네는 인구가 크게 증가했지만 따로 식민지를 건설하지 않았고, 일부 소농들은 생활의 어려움에 빠져들게 되었다.

초기의 아테네는 귀족에 의해 통치되는 귀족정이었다. 아테네도 다른 그리스 폴리스들과 마찬가지로 왕정으로 시작되었지만, 왕정은 기원전 1200~800년 사이의 암흑시대 어느 시기엔가 소리 없이 스러졌고, 귀족 출신의 최고 행정관인 아르콘(*archon*)이 군 사령관, 제사장, 최고 재판관 역할을 맡았다. 아르콘은 처음엔 세 명이었다가 나중엔 아홉 명으로 늘어나게 된다.

그러나 귀족정도 사회·경제적 변화(인구 증가와 가난한 농부들의 생활고, 부유한 일부 평민의 증가, 중무장 보병의 출현)로 인해 흔들리기 시작했다. 기원전 594년 아테네는 귀족과 평민 간의 갈등을 해결하기 위한 특별권을 주어 솔론(Solon)을 아르콘에 임명함으로써 한동안 그 위험을 피할 수 있었다. 그는 아테네 시민을 재산에 따라 넷으로 나누었고, 상위 두 계급만이 아르콘이 될 수 있게 하였다. 위로부터 세 번째 계층까지는 새로이 만들어진 국정 평의회인 400인 회에 참여할 수 있었다. 일반 민회(general assembly)에는 네 계급 모두 다 참여할 수 있게 만들었다.[11] 결국 솔

솔론.

론은 정치적 영향력의 기준을 출생에서 재산으로 바꾼 셈이다.

비록 귀족의 힘이 줄어들기는 했지만, 완전히 없어진 것은 아니었다. 가난한 계층을 위해 그는 모든 빚을 탕감해 주고, 채무 노예를 해방하였으며, 해외에 노예로 팔렸던 아테네인을 되사왔다. 솔론의 개혁 중에는 배심원 법정을 설치한 것도 있다. 매년 6,000명의 시민 명단이 작성되고, 그 중에서 일정한 수(보통 501명)의 배심원이 추첨으로 뽑혀 특별한 사건의 판결을 맡았다. 결국 그는 모든 사람에게 만족을 주지는 못했지만, '조정자'로서 국가의 분열과 최악의 결과를 막는 데 성공하였다.

그러나 불씨는 완전히 꺼지지 않았다. 귀족 가문 출신의 페이시스트라토스(Peisistratos)는 아테네의 가난한 사람들과 아티카 반도의 소농들이 가지고 있던 불만을 이용하였다. 페이시스트라토스는 그들의 지지를 얻어 정권을 장악하고, 참주12)가 되었다.

그는 자신의 자의적인 통치를 위해 귀족의 세력을 억제하고 평민의 권한을 늘려 놓았지만, 이 모든 것은 결과적으로 민주정의 발전을 위한 초석이 되었다.

기원전 510년, 참주들에 대한 적대감을 보여 왔던 스파르타의 지원을 받아 아테네 귀족들은 힘을 합해 참주정을 무너뜨렸다. 페이시스트라토스의 아들 히피아스(Hippias)는 페르시아 제국으로 망명하였다. 참주정이 폐지된 뒤에 귀족들 사이에 정권 다툼이 일어났다. 기원전 508년, 클레이스테네스(Cleisthenes)가 이 정권 쟁탈전에서 승리자가 되었다. 그는 평범한 시민 대중,

즉 데모스(demos)와 연계함으로써 성공할 수 있었다. 그 결과로 그는 데모스에게 정치적 권력의 일부를 주어야 했고, 결국 귀족의 권력은 더욱 더 줄어들게 되었다. 이 일로 인해 클레이스테네스는 유명한 아테네 민주정의 창시자가 되는 영광을 누리게 되었다.

그는 아테네 폴리스(아티카 반도)의 영역을 10개의 부족(phyle, 퓔레)으로 나누었다. 각각의 부족은 세 개의 트리튀스(해안 트리튀스 trittys, 내륙 트리튀스, 도시 트리튀스; 복수는 트리튀에스 trittyes)로 구성된다. 가장 작은 단위는 마을 혹은 구역이라고 해도 좋을 데메(deme)로서, 100여 개 이상이 있었다. 이 구획이 아테네 민주 정치의 기초가 되었다. 그는 각 부족에서 50명을 뽑아 500인 협의회(Boule)를 만들었다. 이 과정은 추첨으로 이루어졌다. 선거를 치르게 되면 선동 정치가가 나설 위험성이 있었기 때문에, 아테네에서는 추첨이 가장 민주적인 절차라고 판단하였다. 500인 협의회 구성원의 임기는 일 년이었다. 이 협의회에는 많아야 두 번까지 뽑힐 수 있었으며, 그것도 연속해서 뽑힐 수 없었다. 이는 많은 아테네 시민이 협의회 구성원이 되어 정치적 경험을 쌓는 기회를 가졌다는 의미이다. 이 협의회는 매일 매일의 행정 문제에 책임을 지고, 민회의 의제와 결의를 준비했다. 그러나 민회는 기준에서 벗어난 제안을 수정하고 받아들이거나, 거부할 권한을 가졌다. 민회는 제기된 안건에 대해 투표하고, 최종 결정을 했다. 이 모든 것이 아테네의 체제를 '데모스크라티아'(demoskratia)로 만들었다. 즉, 민중인 데모스(demos)가 정책을 결정하였던 것이다.

그러나 아르콘은 여전히 최고위 행정관이었고, 아직 폐지되지 않았던 솔론의 계급 체계에 따라 상위 두 계급에서만 선출되었다. 비록 신흥 부자들도 아르콘 피선 자격은 갖고 있었지만, 오래된 귀족 가문 사람들이 항상 그 자리를 차지했다. 기원전 487년이 되어 아르콘도 추첨으로 뽑게 되자, 예전보다 존경받지 못하게 되었다. 반면 장군에 해당하는 스트라테고스(strategos) 직책의 중요성은 더 커졌다. 군대와 함대를 지휘하는 장군들은 가장 적합한 후보자들 중에서 계속 선출될 수 있었기 때문이다. 이들은 일 년의 임기가 끝난 뒤 몇 번이라도 재선될 수 있었다. 이로 인해 이후 아테네의 민주정은 식견과 경험이 있는 장군들이 주도하여 이끌게 되었다.

'도편추방제(ostracism)'는 클레이스테네스가 내 놓은 마지막 정책이었는데, 일 년에 한 번 민회에서 도편추방제를 실시할 필요가 있는지를 물었다. 실시할 필요가 있으면, 민회의 다음 번 회합에 참석하는 사람들은 질그릇 조각에다 국가에 위협이 된다고 생각하는 사람의 이름을 써야 했다. 가장 많은 조각에 이름이 쓰인 사람은 10년 동안 추방되었다. 그러나 그의 재산을 몰수하지는 않았다. 기원전 5세기에 들어서면 아테네 민주정은 더 확대되었다.

페리클레스(Perikles)는 기원전 460년 이후, 아테네에서 가장 영향력 있는 정치가였다. 역사가들은 그가 전염병으로 사망한 기원전 429년까지의 30여 년을 '페리클레스 시대'라고 부르는

데, 역사상 한 세대에 이렇게 개인의 이름이 붙여진 예는 그다지 많지 않다. 그가 이끌었던 시대의 아테네에서는 정책 결정과 행정 문제에 가난한 시민도 참여할 수 있게끔 공무에 대해서 급료를 국가가 지불하는 체계를 들여왔다. 즉, 기원전 5세기 후반, 500인 평의회에 참여하고, 법정의 배심원으로 활동하는 사람들은 적은 참가 수당(대략 반나

페리클레스.

절 일당)을 받았고, 그 뒤에는 민회에 참여하는 사람들에게도 수당이 주어졌다. 종교적, 국가적 축제 때에도 수당이 지불되었다.

페리클레스 시대와 그 다음 세기에 아테네 민주정의 결정 기구인 민회는 일 년에 적어도 40회는 개최되었다. 민회가 개최되었던 장소인 아테네 중앙에 있는 프닉스(Pnyx) 산에는 기껏해야 6,000명 정도가 모일 수 있는 공간이 있었다. 교외에서 농사를 짓던 시민들은 아마 모임에 그렇게 자주 나가지 못했을 것이다. 따라서 민회는 그 기간 동안 일하지 않아도 먹고 살 수 있는 아테네 시의 주민들이 주도했을 것이라고 보아도 좋다. 따라서 기원전 5세기에 거의 35,000명에 달하던 성년 남자 시민들 중에서 일부만이 민회에 정기적으로 참가하였다

고 보아야 하는데, 이 점은 직접 민주정을 채택한 아테네에서는 모든 시민이 참여하여 정책을 결정했을 것이라는 우리의 일반적인 상식과는 어느 정도 괴리가 있는 것이다.

그리고 페리클레스 시대까지의 아테네 지도자들은 여전히 모두 귀족 가문 출신이었다. 사실 귀족은 재산, 여유 시간, 교육과 경험이라는 측면에서 보통 시민들에 비해 매우 유리했다. 더욱이 그들이 오래되고, 존경받는 가문에 속해 있다는 사실은 민주적 체제에서도 시민들에게 큰 매력으로 작용했다. 실제로 그들은 도움을 주었거나, 여러 형태의 보호 혹은 자선 행위로 인해 그들에게 충실한 모든 사회 계급에 속한 시민들에게 지지를 받았다.

그러나 페리클레스가 기원전 429년에 아테네를 휩쓸었던 전염병에 의해 죽은 후에는 훌륭한 장군과 제독이면서 동시에 재정 문제를 잘 처리하고, 또 민회를 매끄럽게 다룰 수 있는 지도자는 나타나지 못했다. 대체로 스스로가 귀족이거나, 귀족과 관계가 있던 당대의 저술가들은 이런 형태의 비귀족 정치가들을 묘사할 때 '선동 정치가들'이라는 경멸적인 용어를 사용하였다. 이 정치가들은 귀족들이 가진 전통적인 권력 획득 수단이 없었기 때문에, 대중이 자신들의 견해를 받아들이도록 설득하기 위해 수사학과 웅변술을 이용해야만 했기 때문이기도 했다.

스파르타

스파르타에서 중장 보병은 귀족의 통치에 종지부를 찍었다. 스파르타는 기원전 7세기에 이미 특히 뛰어난 중장 보병 국가로 발전했다. 그럼에도 불구하고, 스파르타는 다른 그리스 국가들과는 달리 두 명의 왕이 있는 세습적 이왕제(二王制)를 유지했으며, 참주정이 나타나지 않았다. 아테네처럼 스파르타도 식민지를 거의 건설하지 않았다. 대신 스파르타는 기원전 700년에서 600년 사이에 있었던 두 번의 전쟁으로 인접한 메세니아(Messenia)를 정복해서 토지의 필요를 해결했다. 스파르타인은 같은 도리아인이었던 메세니아인도 헤일로타이로 만들었다. 그러나 이는 곧 그들보다 수가 많았던 이들을 통제해야 하는 어려운 과업에 직면해야 됐다는 의미이기도 했다.

이 문제와, 이웃에 있는 상당히 강력한 도리아인의 국가인 아르고스의 지속적인 위협 때문에, 스파르타인은 펠로폰네소스의 패권을 놓고 자주 전쟁을 치러야 했고, 결국 모든 관심을 군사 훈련에 쏟아야 했다. 스파르타 소년은 일곱 살(만 여섯 살)이라는 어린 나이에 어머니로부터 떨어졌다. 그때부터는 국가에 의해 훈육되었다. 그들은 가혹한 훈련을 받으면서 엄격하게 키워졌고, 거칠고 강인한 전사가 되었다. 성인이 되면, 그들은 같이 먹고, 같이 훈련받으며, 같이 자고, 같이 싸우는 동료들의 모임에 들어갔다. 각 스파르타인은 이 모임에 분담액을 치러야만 했다. 따라서 스파르타인은 자신들의 특권적 지위를 보존하기 위해 강력한 시민군에 전적으로 의존했다.

메세니아, 아르고스와의 전쟁에서 귀족이 별로 효율적이지 못했기 때문에, 스파르타에서는 중장 보병이 매우 초기부터 자리를 잡을 수 있었다.

스파르타의 개혁은 입법자(law-giver) 뤼쿠르고스(Lycurgos)의 업적이라고 하는데, 그에 관해서는 확실히 알려진 바가 없다. 근래에는 통상 뤼쿠르고스가 기원전 700년 이후에 정치적 개혁을 도입했다고 본다. 뤼쿠르고스 이후에 스파르타인은 '동등자'라는 의미의 '호모이오이'(*homoioi*)라고 불렸다. 이 평등함은 그들이 중장 보병 밀집 대형에서 같은 위치를 차지하고 있으며, 스파르타인만이 참여할 수 있었던 민회인 아펠라(*apella*)에서 동등한 투표권을 행사했기 때문이었다. 또한 그들은 메세니아 헤일로타이 그룹이 딸린 일정한 토지를 배당받았다고 보아도 좋다. 하지만 다른 면에서는 완전히 평등한 것은 아니었다. 그들은 메세니아의 토지 이외에 개인적인 토지도 소유하고 있었는데, 그 크기는 제각각 달랐다. 일부 스파르타인이 그들에게 배속된 헤일로타이를 엄격하게 관리하지 못해 농장 운영에 실패했던 것도 불평등함을 가져온 다른 이유가 된다. 반면에 다른 일부는 뇌물이나, 해외에서 획득한 공물, 전리품 등으로 많은 재산을 모았다. 부자가 되는 다른 방법으로 인기가 있었던 것은 아들이 없는 부유한 스파르타인 가문의 상속녀와 결혼하는 것이었다. 이들 부유한 스파르타인은 모임에 내야 하는 분담액을 늘렸고, 가난한 사람들은 더 이상 분담액을 치를 수 없게 되었다. 결국 그들은 분담액을 낼 수 없어 이

급 시민(second-class citizens)의 지위로 떨어졌다.

스파르타의 민회는 결코 진정 민주적인 집합체로 발전하지 못했다. 진정한 권력은 민회에서 종신직으로 뽑은 60세 이상의 시민 30명으로 구성된 장로회(*gerousia*)에 있었다. 민회가 장로회의 우월성을 기꺼이 받아들인 것도 비판적 정신보다는 군사 훈련이 더 높이 평가되는 국가에서는 이해될만한 일이다. 스파르타의 두 왕도 장로회의 구성원이었지만, 이들에게는 당연히 나이 제한이 적용되지 않았다. 스파르타에서 왕정이 유지되었던 이유로 관심을 다시 되돌려 보자. 서로 다른 왕가에 속해있는 두 명의 왕은 서로 견제했기 때문에, 왕권이 지나치게 강해질 위험이 없었기 때문이다. 왕의 유일한 과업은 전시에 군을 지휘하는 것이었다. 후일, 왕정과 함께 행정관직이 추가되었다. 이 행정관직은 다섯 명의 감독관들로 구성되었고, 이들은 매년 민회에서 선출되었다. 그들은 스파르타시의 매일매일의 행정을 책임졌다. 시민의 이해관계를 대변했을 에포로이가 왕의 권력에 제동을 걸었던 것도 스파르타에서 더 이상의 민주적 개혁에 대한 요구가 나오지 않았던 이유 중의 하나였을 것이다.

고대 세계에서 스파르타의 체제는 왕정(이왕제), 과두정(장로회), 민주정(민회와 에포로이)으로 구성된 '혼합정체(mixed constitution)'로서 높이 평가되었다. 스파르타의 성공 요인으로 보였던 엄격한 생활 방식도 역시 크게 존중받았다. 기원전 6세기와 5세기 초에, 스파르타가 그리스에서 가장 강력한 도시 국가였다는 데는 이론의 여지가 없다.

스파르타는 펠로폰네소스에서의 헤게모니를 확실히 하고 싶어 했지만, 더 많은 도시를 정복하고, 더 많은 헤일로타이를 지배하면서 헤게모니를 쥐고 싶어 하지는 않았다. 기원전 6세기, 스파르타는 코린토스를 포함하는 펠로폰네소스의 도시 국가들을 한데 모아, 스스로 맹주가 된 펠로폰네소스 동맹을 만들어냄으로써 이 문제를 해결하였다. 아르고스는 이 동맹에 가입하지 않았다. 스파르타는 그리스 바깥에서도 페르시아와 갈등 관계에 있던 뤼디아, 이집트와 관계를 수립하였다. 그럼으로써 스파르타는 참주정에 적대적이라는 입장을 밝혔다. 페르시아는 친 페르시아 성향의 참주를 각 지역에 배치함으로써 그리스 도시 국가들을 정복하려 했기 때문이다. 소아시아(이오니아)에 있는 그리스 도시들은 그런 참주들에 의해 통치되었다.

델로스 동맹 vs 펠로폰네소스 동맹

델로스 동맹과 펠로폰네소스 동맹은 각기 아테네와 스파르타가 주도하는 공수동맹(攻守同盟)이었다. 이 공수동맹은 그리스어로는 쉬마키아(*symmachia*)라고 불렀다. 쉬마키아란 문자 그대로 하면 '싸움에 있어서의 협력'이다. 이 쉬마키아는 전시의 비공식적 협력, 동맹의 조약, 동맹체 등 여러 가지 의미로 사용되었다. 가장 먼저 기원전 6세기부터 그 예를 찾아볼 수 있는 동맹의 조약에는 방어동맹(*epimachia*, 에피마키아) 조약과

공수동맹 조약의 두 종류가 있다.

그 중 공수동맹 조약에는 일반적으로 동일한 우호국과 적대국을 갖고 있는 가맹국들이 서약한 조항이 들어있다. 이 같은 조약에서 가맹국들은 대개 동등한 권리를 가졌지만, 이 조항은 확대 해석되어 한 가맹국이 다른 가맹국에 종속되기 일쑤였다. 예를 들어 기원전 404년 펠로폰네소스 전쟁에서 패한 아테네는 스파르타와 같은 우호국과 적대국을 갖겠노라고 서약하고, 스파르타의 권위를 받아들여야 했다.

쉬마키아는 한 국가의 헤게모니(그리스어로는 헤게모니아 *hegemonia*) 아래에 있는 동맹국들의 연방체에 붙이는 이름이기도 했다. 헤게모니아는 전시 작전권을 포함하며, 보통은 동맹 회의의 주재권도 헤게모니아의 일부였다. 이 동맹은 가맹국들의 자유를 인정하므로 연방과는 달랐다. 그러나 델로스 동맹과 펠로폰네소스 동맹의 원래 이름을 굳이 우리말로 번역하자면, '아테네인과 그들의 동맹국들', '라케다이몬인(스파르타인)과 그들의 동맹국들'에 더 가까울 정도로 헤게모니아를 쥔 의장국의 위세는 대단히 컸다.(델로스 동맹이나, 펠로폰네소스 동맹 같은 것은 후대의 학자들이 편의상 붙인 이름이다.)

델로스(Delos) 동맹

그리스인은 페르시아와 죽느냐 사느냐의 전쟁을 치르는 동안에도 완벽한 화합을 보여주지 못했다. 기원전 480년에 페르시아를 물리친 지 두 해가 안 되어 그리스는 스파르타와 아테네가 각기 이끄는 두 개의 그룹으로 나뉘어졌다. 소아시아와 이오니아의 그리스인은 페르시아로부터 완전한 독립을 얻어 자유를 유지하기를 갈망했고, 또 그 밖의 많은 그리스인도 복수와 페르시아의 공격에 대한 대비를 원했기 때문에 그리스 내부의 갈등이 시작되었다. 우선 스파르타는 페르시아와의 전쟁을 주도했으므로 그리스인은 스파르타가 계속 그 역할을 수행해 주길 원했다. 하지만 스파르타는 자체 내의 체제 문제 때문에 펠로폰네소스를 오래 비울 수도 없었을 뿐더러, 해군이 없어 그 역할에 걸맞지도 않았다.

아테네가 페르시아에 대항하는 그리스 연합체의 구심점 노릇을 하게 되는 것은 당연한 귀결이었다. 아테네는 그리스에서도 손꼽히는 해양 강국이었고, 이오니아 지역의 그리스인과도 이해관계가 일치하고 있었기 때문이다. 결국 기원전 478년에서 477년 사이의 겨울에 이오니아 여러 섬, 소아시아 연안의 그리스 식민시들, 몇몇 에게 해 연안 도시들이 성스러운 섬 델로스에 모여 동맹 서약의 의식을 거행했다. 그들은 붉게 달군 쇳조각을 바다에 던지며 이 쇳조각이 다시 바다 위로 떠오를 때까지 동맹에 충실하겠노라고 맹세하였다. 델로스 동맹의 목적은 첫째, 페르시아의 통치 아래 있는 그리스인을 해방시키는 것, 둘째, 페르시아의 재침공의 방지, 셋째, 그리스의 섬들을 공격하여 약탈을 자행한 페르시아에게서 보상을 받아내는 것이었다. 동맹의 운영은 모두 다 동등하게 한 표씩을 행사하는 동맹국들에 의해 민주적으로 이루어지게 되어 있었지만,

모든 역사에서 항상 그렇듯이 가장 강력한 국가(여기서는 아테네)에 의해 주도될 수밖에 없었다.

초기 동맹의 활동은 대단히 성공적이어서 페르시아 세력을 유럽과 헬레스폰트 해협 근처에서 완전히 몰아내었으며, 에게 해의 해적 또한 완전히 소탕하였다. 그리고 전체의 안전이라는 명분하에 일부 폴리스를 강제로 동맹에 가입시켰고, 마음대로 탈퇴하지도 못하게 하였다. 기원전 467년에는 소아시아까지 진출하여 에우뤼메돈(Eurymedon) 강에서 페르시아군에 대승을 거두고, 많은 폴리스를 새로 동맹에 가입시켰다. 그러나 기원전 465년경이 되면 이제는 더 이상 페르시아의 위협이 없을 거라고 생각한 가맹국들이 생겨나기 시작했다. 그 중 타소스(Thasos) 섬이 탈퇴하자 아테네는 동맹을 설득하여 타소스를 공격하여, 그곳을 불태운 뒤 주민들을 노예로 팔아버리는 초 강수를 두었다. 동맹의 주도국으로서 여러 가지 이득을 얻고 에게 해의 패자로 등장한 아테네는 이제 델로스 동맹이 해체되면 그 커진 덩치를 감당하기 힘들어졌기 때문이었다. 이때 아테네의 해군은 동맹국들의 세비로 상당 부분 운영되고 있었고, 델로스 동맹의 세력권은 곧 아테네의 판도라 할 수 있었다.

기원전 5세기, 특히 페리클레스가 정권을 장악한 뒤에는 동맹이 아테네 무력 외교의 도구가 되었다. 동맹에서 탈퇴하고자 하는 동맹국들은 계속 남아서 분담금을 내도록 강요당했다. 아테네는 동맹국들의 내부 문제에도 개입하기 시작했는데,

그들의 법적, 재정적 문제들에 대해 간섭하고 여러 동맹국들에서 아테네에 우호적인 민주 정부가 권력을 장악하도록 했다. 아테네는 동맹 영역 내의 여러 전략적 거점들(보통 섬들)에 식민지(kleruchia)의 네트워크도 건설했다. 이 식민지들은 고졸기의 식민지들 같은 새롭고, 독립적인 도시 국가들이 아니라, 아테네 폴리스의 연장으로 간주되었고, 식민자들은 아테네 시민권을 계속 가지고 있었다. 사실상, 이 식민지들은 아테네의 군사 기지들이었다. 이런 형태의 식민으로 아테네 중장 보병의 수는 늘었다. 대부분의 식민자들은 재산이 없는 시민(thetes)이었고, 식민은 그들이 토지를 획득하고 더 높은 재산 계급이 되는 한 가지 방법이었다. 더 높은 재산 계급에 들어가게 된 사람은 더 이상 노잡이가 되지 않았지만, 아테네에 별 문제는 없었던 것이 동맹국들로부터 노잡이와 수병이 될 자원자들을 많이 받아들일 수 있었기 때문이다. 델로스 동맹의 가맹국들의 가난한 시민들 중에는 아테네 민주정을 대단히 흠모하는 사람들이 많았기 때문에, 자원자들 중 일부는 이상적인 이유에서 해군에 자원했지만, 대부분의 자원자는 보수와 전리품에 끌렸던 사람들이었다. 델로스 동맹에서 빠지고 아테네와 관계를 끊고 싶어 했던 국가들 대부분의 체제는 과두정이었다. 기원전 5세기가 지나면서, 그리스에는 양극성이 나타났다. 민주정에 호의를 느끼는 그리스인은 아테네를 지지했던 반면, 과두적 경향을 가진 사람들(주로 부자)은 스파르타에 동조했다.

이제 아테네는 마치 근대의 제국주의적인 정책과 흡사한

방향으로 나아가게 되니 이 시기의 아테네를 역사가들은 아테네 제국(Athenian Empire)이라고도 부른다. 이 제국주의적 아테네가 주도하는 델로스 동맹의 활발한 활동은 에게 해를 넘어 흑해 연안과 이탈리아 남부에까지 이르게 되고, 펠로폰네소스를 비롯한 다른 그리스 폴리스는 아테네를 불안한 눈으로 바라보게 되었다. 특히 펠로폰네소스 동맹에 속한 폴리스들은 그들의 식량의 주요한 수입원인 이탈리아 남부에 아테네의 힘이 미치는 것을 마치 목에 비수가 들이밀어진 심정으로 보게 되었기 때문이다. 결국 델로스 동맹과 펠로폰네소스 동맹의 충돌이 일어나게 되는데, 그것이 기원전 431년에서 404년에 이르는 기간 동안 그리스를 반으로 나누어 싸우게 한 대규모 전쟁, 즉 펠로폰네소스 전쟁이었다.

펠로폰네소스 동맹

펠로폰네소스 동맹은 그리스에서 가장 먼저 형성되고, 또 가장 오래 지속되었던 영향력 있는 쉬마키아(공수동맹)였다. 스파르타는 펠로폰네소스 반도의 폴리스들과 동맹 조약을 맺어 나갔다. 별도의 조약들을 개별적인 국가들과 맺은 스파르타는 기원전 500년이 되기 조금 전에 영속적인 동맹 형태의 조직을 만들어 내었다. 즉, 이 동맹은 아마도 기원전 6세기 중엽부터 형성되기 시작했을 것으로 보이지만, 구체적이고 영속적인 조직의 형태로 발전한 것은 그로부터도 반세기가 더 지나서였다. 어떤 학자들은 이 조직이 형성된 것이 그보다 더 앞선 시기라고 추측하기도 한다. 스파르타는 동맹의 의장국으로서 전시 작전권을 지니고, 동맹 회의를 소집할 권한과 회의를 주재할 권한을 가졌다. 각 가맹국이 한 표씩을 지니는 이 동맹 회의에서 과반수가 전쟁 안건에 동의하면, 스파르타는 모든 가맹국들에게 출전 병력을 요구할 수 있었다. 이 동맹 회의에서 스파르타는 자신들이 찬성하지 않는 안건이 나올 경우 소집을 거부할 수 있는 권한을 가졌는데, 그 권한 덕분에 이 회의에 커다란 영향력을 행사할 수 있었던 것으로 보인다. 가맹국들은 동맹 회의에서 가결된 전쟁 중이 아닐 때에는 심지어 자신들 사이에서도 전쟁을 벌일 수 있었다. 따라서 펠로폰네소스 동맹은 전쟁을 치르고 있는 모든 가맹국을 지원할 수는 없었다. 기원전 404년 펠로폰네소스 전쟁이 스파르타가 이끄는 펠로폰네소스 동맹의 승리로 끝나자, 이 동맹에 강제로 가입해야 했던 아테네와 예전의 델로스 동맹의 가맹 국가들은 전쟁과 평화를 결정하는 문제에 대해 전적으로 스파르타의 판단을 받아들이겠노라는 조약을 받아들여야 했다. 다시 말하면 이제 펠로폰네소스 동맹은 '제국주의적 성향'을 보이기 시작했던 것이다. 기원전 371년, 레욱트라(Leuktra) 전투에서 스파르타군이 테바이(Thebai)에게 치욕적으로 패하고 곧이어 스파르타의 힘이 줄어들게 되자 펠로폰네소스 동맹도 내리막길을 걷기 시작했다. 결국 기원전 366년이 되자, 한 세대의 기간 동안 그리스 전체에서 가장 강력한 권위를 누렸던 펠로폰네소스 동맹은 해체되었다.

아테네와 스파르타의 인물들

솔론 vs 뤼쿠르고스

솔론(Solon, 기원전 6세기 초 활동)

아테네의 정치가이자 시인, 가진 자들과 못 가진 자들 사이의 깊은 골을 어느 정도 해소해 줌으로써 아테네 발전의 기초를 놓았다고 평가되는 인물이다. 기원전 594년에 수석 아르콘이 된 그는 '조정자'(調停者)라는 별명으로 불릴 만큼 계급 간의 갈등과 증오를 희석시키는 데 노력하였다. 그러면 왜 아테네에서는 그런 계급 간의 갈등이 있었던가?

사실 이 문제는 아테네만의 문제가 아닌 그리스 전체에 해당되는 문제였다. 사실 기원전 8세기에서 6세기 사이의 그리스는 많은 변화를 겪었다. 이 변화는 크게 네 가지 부분, 인구학적 변화, 경제적 변화, 사회적 변화, 문화적 변화로 나누어 살펴볼 수 있다. 이 변화들을 간단하게 설명하면 다음과 같다. 먼저 고고학적 증거들로 보아 그리스의 인구가 기원전 8세기에 폭발적으로 증가하였다는 것을 알 수 있다. 이 인구 증가는 당연히 보다 많은 식량을 필요로 하게 되었고, 그에 따라 경작지가 확대되고 황무지도 개간되었다. 그러나 개간만으로는 늘어난 식량 수요를 다 감당할 수 없어 일부 그리스인은 바다로 나가 해적질이나 무역으로 생계의 수단을 찾게 되었다. 또, 인구가 증가함에 따라 커진 마을들이 연합하여 도시가 발전하게 되었다.

개간과 무역만으로는 다 감당할 수 없었던 인구 증가의 압력은 식민시의 개척이라는 방향으로 나타나게 되었다. 이제 그리스인은 서쪽으로는 오늘날 마르세이유, 나폴리, 시실리섬 등으로, 동쪽으로는 터키 연안과 흑해 일대로까지 생활 반경을 넓혀가게 되었다. 이 확장으로 인해 그리스인은 부족한 곡물들을 보다 안정적으로 들여올 수 있게 되었다. 그리스 본토가 곡물 경작에 잘 맞지 않는 토양과 기후였기에 그리스인은 보다 적합한 올리브와 포도를 대규모로 경작하기 시작했다. 그리고 올리브 기름과 포도주를 도기에 담아 수출하였다. 올리브나 포도는 단위 면적당 이윤도 더 높고 토양이나 기후에도 적합한 작물이었지만, 이 작물들은 소규모로 농사를 짓고 살아가던 소농(小農)에게는 그림의 떡이나 마찬가지였다. 올리브나 포도는 우선 심고 나서 몇 년은 수확을 할 수 없었을 뿐만 아니라, 경제성을 확보하기 위해서는 대규모 경작이 필요했기 때문이었다.

이제 가난한 농부들은 더욱 가난하게 부유한 농부나 일부 귀족은 더욱 부유하게 되었다. 부유해진 평민들은 흉갑과 투구, 방패와 창, 칼을 장비할 수 있었고, 이들이 군대의 주력인 중장 보병(hoplites)이 되면서 귀족들 중심의 정치 체제에도 변화가 나타나게 되었다. 그리고 가난에 지친 농민들 일부는 채무 노예의 상태로까지 떨어지는 경우가 많아졌다. 빈부 간의 격차는 계급 간의 증오를 불러왔다. 한편 문학과 예술, 종교와 건축 등 거의 모든 부분에서 훗날 고전기의 기초가 되는 여러 가지 발전이 나타났다.

이와 같은 그리스의 변화들은 아테네에서도 뚜렷하게 나타났다. 특히 이제 재산을 어느 정도 불려 군사적으로도 폴리스에 크게 기여하게 된 부유한 평민들은 자신들의 기여도만큼 정치적인 권리를 얻기 원했다. 한편 채무에 시달려 노예의 처지로까지 떨어진 사람들을 다수 포함하는 가난한 농민들은 일종의 '사회 혁명'을 일으켜 채무를 말소하고 토지를 재분배하는 것을 갈구했다. 솔론은 귀족과 이 두 그룹의 사람들(부유한 평민과 가난한 농민) 사이의 갈등을 없애고, 두 그룹의 불만을 잠재워야 했다. 그리고 이 과업을 수행하기에 그의 경력은 매우 적당했다. 우선 솔론은 적당한 재산을 가진 귀족 가문 출신이었으며, 여러 해 동안 해외 무역에 종사했던 적도 있다. 또, 그는 기원전 600년경에 메가라(Megara)와 싸워 인근의 살라미스(Salamis) 섬의 정복에 참여한 적도 있는 전쟁 영웅으로서 모든 계층의 사람들에게서 신뢰와 존경을 받고 있었다.

솔론의 가장 큰 업적은 아테네 시민을 재산에 따라 네 등급으로 나누어 차등적인 권리를 부여한 것이었다. 가장 상위에 있는 계급은 가장 부유한 귀족이었으며, 그 다음 계급은 바로 그 아래에 있는 귀족과 신흥부자들이었다. 제우기타이(*zeugitai*)라 불리는 세 번째 계급은 보통 수준의 농부들로 구성되었고, 네 번째 계급은 테테스(*thetes*)라 불리는, 재산이 거의 없거나 아예 없는 빈민으로 구성되었다. 그가 새로이 구성한 체제 하에서는 상위 두 계급만이 최고위 행정관인 아르콘(archon)이 될 수 있었다. 민회에서 논의하고 처리할 업무를 준비하는 기관인 400인 회에는 위에서 세 번째 계급까지만 참여할 수 있었다. 그러나 민회에는 모든 사람이 다 참여할 수 있었다. 사실 고대 그리스에서는 재산이 전혀 없는 사람이 민회에 참석하는 것이 일반적인 것은 아니었다. 결국 솔론은 정치적 권한의 부여 기준을 출생에서 재산으로 바꾼 셈이었다. 솔론의 개혁으로 인해 귀족의 힘은 줄어들었지만, 완전히 사라진 것은 아니었다.

또, 솔론은 가난한 사람들의 불만을 없애주기 위해 세이삭테이아(*seisachteia*)라 불리는 채무의 말소를 시행하였다. 즉, 그는 빚진 자들의 빚을 모두 탕감해주고, 채무로 인해 노예가 되었던 사람들을 해방시켰으며, 아테네 시민이 빚 때문에 노예가 되는 것을 금지시켰다. 하지만 이로 인해 아테네에서 노예

제도가 사라지지는 않았다. 노예가 필요한 경우는 외국에서 사오면 그만이었기 때문이다.

그 밖에도 솔론은 식량 수급을 원활하게 하기 위해 곡물의 수출을 금지하고, 농부들에게는 수출용 올리브 재배를 권장했다. 올리브 기름 수출과 관련되어 있는 도기 산업 역시 솔론 시대에 아테네에서 크게 발달했다. 한편 그는 가혹한 형법인 드라콘(Drakon)의 법전 대신에 보다 온건한 법을 만들어 바꾸었고, 배심원 법정(heliaia)을 설치하였다. 그 이후로 매년 6,000명의 시민 명단이 작성되었으며, 그 중에서 일정한 수(보통 501명이나 201명)의 배심원이 추첨으로 뽑혀서 특별한 사건들의 판결을 맡았다.

솔론의 개혁으로 인해 아테네는 민주정으로의 길이 닦였다고 보아도 좋겠으나, 당시의 모든 사람들이 그의 개혁에 만족한 것은 아니었다. 오히려 귀족은 귀족대로, 가난한 사람들은 가난한 사람들대로 모두 만족하지는 못했다고 보아야 할 것이다. 하지만 솔론이 아테네가 앞으로 크게 뻗어나갈 수 있게 하는 토대를 든든하게 마련해 준 것은 사실이었다.

뤼쿠르고스

기원전 600년이 되면 스파르타는 펠로폰네소스 반도의 2/5를 소유하는 강대국이 되어 기원전 6세기를 찬란하게 시작하였다. 이러한 성공의 밑바닥에는 기원전 7세기의 언젠가에 도입되었던 개혁이 있었다. 이 개혁은 정치적으로는 제도를 바꾸어 바뀐 제도에서 중장 보병이 중요한 역할을 하도록 하는 것이었다. 그리고 사회·경제적으로는 메세니아의 토지를 시민들에게 분배하여 엘리트 전사 계급을 만들어 내는 것이었다. 이 개혁은 뤼쿠르고스가 혼자 해내었다고 하는데, 이 전설적인 입법자 뤼쿠르고스에 대해 역사적으로 입증된 것은 거의 없다. 플루타르코스가 썼던 그의 전기도 역시 스파르타의 전설 일부를 기록한 것일 따름이다. 이 모든 개혁은 한 번으로 끝난 것이 아니라 오랜 시간을 두고 발전해 온 것이 분명하다.

뤼쿠르고스가 언제 적 인물인지, 어떤 사람이었는지에 대해서는 그의 전기를 썼던 플루타르코스조차도 확신하지 못하고 있었다. 그리하여 「뤼쿠르고스전」은 첫머리부터 다음과 같이 모호한 말로 시작하고 있다.

일반적으로 입법자(立法者) 뤼쿠르고스에 대해서는 논란이 많다. 실제로 그의 출생과 여행, 죽음, 그리고 무엇보다 법률 제정자와 정치가로서의 그의 업적에 대해 다른 진술들이 있기 때문이다. 역사가들 사이에도 그가 살았던 시기에 대해서 의견이 엇갈리고 있다.

그리하여 2명, 심지어 3명의 뤼쿠르고스가 있었다는 말이 나오기도 하는 것이다. 그러나 보다 중요한 것은 그가 이룩했다는 업적이고, 이 총체적 개혁이 스파르타를 특이하게 그야말로 '스파르타답게' 만들었다는 것이다.

뤼쿠르고스 개혁의 정치적인 면에 대한 기록은 「뤼쿠르고스전」에 나와 있는 소위 「대 레트라」(Great Rhetra)에서 가장 잘 찾아볼 수 있다. 레트라는 스파르타인이 법규나 법령을 부를 때 쓰는 단어인데, 이 「대 레트라」를 제외하고는 다른 레트라의 내용은 거의 구체적으로 남아있는 것이 없다. 여기서 살펴보는 바로는 왕과 장로회가 행정과 입법의 발의자이다. 시민은 발의권은 없지만 결정권이 있다. 이 체제가 순수한 민주정은 아니더라도 어느 정도 민주적인 요소가 들어 있는 것은 명백하다. 여기에서 인민이란 스파르타의 성년 남자, 즉 시민을 의미하는 것이므로, 민주정을 채택한 다른 그리스 국가와 마찬가지로 시민에게 국가의 중대사에 대한 최종 결정권이 있는 셈이었다. 그러나 위에 말했던 「뤼쿠르고스전」의 이후에는 수정 조항이 붙게 된다.

그러나 후일 인민이 그들 앞에 상정된 발의에 (다른 조항을) 더하거나 빼서 원래 안건을 왜곡시켰을 때, 폴뤼도로스와 테오폼포스 왕이 다음의 구절을 레트라에 추가하였다. "하지만 인민이 왜곡된 제안을 채택한다면, 장로들과 왕들은 (민회를) 폐회할 권한을 가진다."

이제 시민들은 발의권도 없을 뿐만 아니라, 제안된 안건을 수정할 권리조차 잃게 된 것이다. 우리가 보았을 때, 이는 민주정의 발전 과정에 있어 심각한 후퇴이다. 하지만 그러한 판단은 오늘날 우리의 생각일 뿐이다. 사실 그리스의 지식인들에게 민주정이란 결함 많은 정치 체제 중의 하나에 불과했다. 그리하여 소크라테스나 플라톤 같은 철학자들조차도 민주정의 단점을 지적하며 맹렬히 비난하기까지 했다. 더군다나, 스파르타인에게 시민의 권리신장은 사치스러운 개념에 불과했다. 국가의 존폐와 생존이 당장 문제였기 때문이다. 새로이 정복한 광대한 지역과 그곳에 있던 많은 주민을 피정복민으로 동화시키고자 할 때, 시민의 합의가 절대적으로 필요한 민주적 절차는 때로 불필요하거나, 너무 많은 시간을 요하는 것이었기 때문이다.

여기서 한 가지 더 덧붙여 말해 두어야 할 점은 '감독관 제도'에 관한 것이다. 스파르타에서는 매년 시민들이 5명의 감독관을 선출하고, 그들에게 행정권을 위임한다. 이 제도는 고전기 스파르타의 체제 중에서 핵심적인 것의 하나로 간주되었고, 통상 '뤼쿠르고스 체제'를 말할 때면 반드시 포함된다. 그런데 이 제도는 앞서 보았듯이 뤼쿠르고스가 만들어낸 것이 아니었다.

중요한 것은 기원전 7세기에서 6세기 사이의 어느 시기엔가 감독관직이 창설되고, 혹은 기존의 직책이 감독관직으로 변모되었고, 기원전 6세기 중반쯤 되면 이들이 국가 권력의 상당 부분을 장악했다는 것이다. 이후 헬레니즘 시기에 이르기까지 감독관단은 국가의 대소사를 관장하며 왕가의 권한을 대부분 넘겨받았다. 왕들은 이제 군사령관(그나마도 감독관단의 견제를 받았다)의 직책과 국가의 최고 사제 역할만을 하게 되었던 것이다. 이렇게만 본다면 스파르타의 정치 체제는 근현대의 입헌군주정과 유사한 면도 있는 셈이다.

이 시기에 스파르타인의 생활 방식은 분명히 변화했다. 이 변화가 뤼쿠르고스에 의해 계획적으로 진행된 것이라고 보기는 어렵다고 생각하는 학자들도 있다. 하지만 최소한 스파르타인이나, 후대의 그리스인은 뤼쿠르고스의 이름 아래 이 변화가 이루어져서 소박하게 살고 국가의 명령에 절대 복종하는 인간형이 나왔다고 믿었다. 그 첫 번째의 것은 공동 식사 제도였다. 「뤼쿠르고스전」10.1～2에서는 다음과 같이 기록되어 있다.

또한 사치를 배격하고 재산에 대한 탐욕을 없애기 위해 뤼쿠르고스는 세 번째로 그리고 가장 절묘한 정치적 기구를 창설했으니, 곧 공동 식사 제도였다. 그럼으로써 사람들이 공동으로 식사를 하며, 지정된 종류로 똑같은 빵과 고기를 먹도록 정하였다. 이것은 시민이 그들의 건강을 장사꾼이나 요리사의 손에 맡긴 채, 집에서 사치스러운 식탁에 편안히 앉아 인생을 낭비하는 일이 없도록 하기 위해서였다. 그리하여 탐욕스러운 짐승처럼 온몸 구석구석에 살이 찌고, 몸뿐만 아니라 마음까지 망치지 않도록 하기 위한 것이었다. 탐욕과 과식으로 허약해진 몸과 마음은 늦잠과 따뜻한 목욕과 나태를 원하게 된다. 한 마디로 항상 몸이 아픈 병자처럼 많은 주의와 돌보는 손길이 필요하게 되는 것이다.

쉬시티온(*syssition*), 안드레이온(*andreion*), 피디티온(*phdition*) 등으로 불렸던 이 공동 식사 관습은 크레테나 다른 지역에서도 발견되는 것으로 도리아인의 공통적인 관습이었던 것으로 보인다. 이것은 야전 식사반이 변형된 것이다. 도리아인이 정복을 위해 이동하던 중에 필요했던 관습이었고, 대체로 15명 정도로 구성되었다고 플루타르코스는 말한다. 일단 이들이 정착하고 난 뒤에는 점점 유명무실하게 변했을 것이지만, 사라져 가는 이 옛 관습을 뤼쿠르고스 혹은 무명의 개혁자나 개혁왕이 다시 강제 조항으로 만들었다면 그런대로 이치에 맞아 들어가게 된다. 그리고 이 식사는 대체로 최대한 맛이 없게 만들어졌다고 하는데, 지나치게 음식에 탐닉하는 것을 막기 위함이었다고 한다.

두 번째의 것은 앞에서 이미 기술했던 '스파르타식 교육'이었으며, 세 번째의 것은 토지 개혁과 철제 화폐의 사용이었다. 토지 개혁이란 스파르타 시민들이 균등하게 분배된 토지를 받고, 그 땅에서 일하도록 배정된 헤일로타이를 부려서 그 수확물의 절반을 받아 생활할 수 있게 한 것을 의미한다. 이 제도는 스스로의 비용으로 무장하고, 공동 식사비를 분담하고, 다른 직업을 가지지 않고 직업 군인으로 살아가야 하는 스파르타인에게는 필수적인 경제 시스템이었다. 정복자로서 엄청난 수의 피정복민을 지배해야 하는 그들에게는 어쩔 수 없는 선택이기도 했다. 그리고 이 스파르타식의 소박한 생활양식을 보존하고 유지하기 위해서는 상업을 발전시키지 않아야 했다.

상업이 발전하면 필연적으로 부의 편중 현상이 생기게 되고, 그 결과 전사단으로 구성된 시민단이 붕괴될 수 있기 때문이다. 따라서 경제적 변화를 최대한 막기 위해 다른 나라에서는 통용되지 않는 철제 화폐를 만들어 유통시켰다.(철제 화폐는 무겁고 가치도 거의 나가지 않는 쓸모없는 돈이었다.)

플루타르코스에 의하면 뤼쿠르고스의 죽음 역시 매우 전설적이고, 극적이었다. 그는 법률과 제도를 정비하고 나서 델포이에 가서 신탁을 물어보겠노라고 시민들에게 이르고는, 자신이 돌아올 때까지 법을 고치지 않겠다는 서약을 받고 스파르타를 떠났다. 델포이에서 신탁을 물어본 그는 자신의 법이 스파르타에 큰 도움이 된다는 신탁에 만족한 채, 자신이 돌아가지 않으면 서약에 따라 스파르타인이 법을 고치지 못하리라고 생각하여 스스로 곡기를 끊고 자살하였다. 그의 탄생부터 죽음에 이르기까지의 이야기들에는 전설과 사실이 얽혀있지만, 적어도 스파르타는 그가 만들었다고 생각되는 법과 제도를 300여 년 정도나 유지하며 그리스뿐 아니라 오늘날 우리에게까지 그의 이름을 전해주고 있다.

알키비아데스 vs 아게실라오스

알키비아데스(Alkibiades, 기원전 450?~404년)
아테네의 영광과 오욕의 시기를 온몸으로 살았던 그는 아테네 시민의 사랑과 질시, 원망을 한 몸에 받았던 사람이었다.

그의 인생과 행동에서 우리는 아테네의 심성과 문화, 그 악덕과 결점까지도 모두 찾아볼 수 있다. 우선 알키비아데스는 당대 아테네의 명문 출신이었고, 또 당대 최고의 교육을 받았다. 그는 아테네의 장군이자 정치가였던 클레이니아스(Kleinias)의 아들로서, 아버지가 카이로네아(Kaironea) 전투에서 보이오티아(Boiotia)군과 싸우다가 전사한 뒤에는 후견인이었던 아테네 최고의 정치가 페리클레스에 의해 양육되었다.

그는 또한 유명한 철학자 소크라테스의 제자이자 가까운 사이가 되었다. 그는 소크라테스와 함께 식사를 하고, 같이 레슬링을 하며 같은 텐트에서 잠을 잤다고 하는데, 다시 말하면 그리스어로 파이데라스티아(*paiderastia*)의 관계를 맺고 있었던 것으로 판단된다. 우리말로 소년애(少年愛) 정도로 이해할 수 있는 이 관계에서 소크라테스는 에라스테스(*erastes*), 즉 사랑하는 자였을 것이고, 알키비아데스는 에로메노스(*eromenos*), 즉 사랑받는 자였을 것이다. 그러나 독자들께서는 "철학자 소크라테스가 그런 행동을 하다니!"하고 놀라실 필요는 없다. 당대 그리스에서 파이데라스티아는 전혀 경멸받거나 비난받을 행실이 아니었기 때문이다. 오히려 행실이 바르고 덕이 높은 어른이 젊은이를 사랑하며 교화한다는 측면에서 용인되거나 장려되기까지 했다. 그리고 이 같은 관계가 평생 지속되는 것도 아니고 사춘기가 지나 소년이 성인이 되면 다른 관계로 전환된다. 이때는 소년애의 관계가 아니라, 좀 더 다른, 우리말에서 비슷한 관계를 찾는다면 의형제 같은 관계가 된다. 실제로 알키비아데스가 젊었을 시절에 포티다이아(Photidaia) 전투에 소크라테스와 함께 출전한 적이 있다. 그들은 한 텐트에서 같이 야영하면서 서로를 지켜주었는데, 그가 전투에서 쓰러지자 소크라테스가 그 앞을 막고 분전하여 그의 생명을 지켜주기도 했다.

어쨌거나 아테네뿐만 아니라 후일 그리스 전역과 페르시아에까지 그 이름을 떨치게 된 것은 그의 지능과 전략, 생활 태도 때문이었지만, 그 못지않게 그를 유명하게 만들었던 것은 그의 미모였다. 사실 남성에게 미모라는 말을 붙인다는 것은 좀 어울리지 않는다는 감이 들기도 하지만, 그는 정말로 미모라는 말에 어울리는 화려한 용모를 자랑하고 있었던 것으로 보인다. 그의 용모 못지않게 대단한 것은 웅변술이었다. 그리스 최대의 웅변가라는 평을 듣고 있는 기원전 4세기의 정치가 데모스테네스(Demosthenes)는 알키비아데스가 다른 여러 가지 능력으로 인심을 사로잡았지만, 대 웅변가이기도 했다고 평하고 있으며, 아리스토텔레스의 후계자 테오프라스토스(Theoprastos)도 알키비아데스가 그 시대의 누구보다 달변이었다고 기록하고 있다. 그는 또 부유한 가문 출신으로 훌륭한 말들과 좋은 경주용 전차를 여러 대 가지고 있었다. 올림픽 경기에 4마리의 말이 끄는 전차를 7대 내보내 1~4위를 휩쓸기까지 하였다.(역사가 투퀴디데스에 의하면 1, 2, 4위였으나, 희곡 작가 에우뤼피데스는 3위도 그가 차지하였다고 한다.) 이는 그리스 사상 전무후무한 일로서, 오늘날과 비교해 본다면 세계적 규모의 요트 대회에 개인이 1~3위를 독식한 것과 맞먹지 않을까 싶다.

이처럼 명문 출신에 전쟁에서의 공훈, 많은 친구들, 화려한 말솜씨와 용모, 소크라테스의 제자이자 페리클레스의 조카라는 배경과 능력으로 인해 그는 아테네 정치의 중심 인물 중 하나가 될 수 있었다. 그는 기원전 420년 극단적인 민주파의 중심 인물이 되었고, 아테네가 아르고스(Argos) 같은 스파르타의 적국들과 동맹을 맺게 하는 데 주요한 역할을 하였다. 그는 이 같은 정치가의 역량을 한껏 발휘하면서도 사치와 화려한 생활을 멈추지 않았다. 희극으로 유명한 작가 아리스토파네스의 "그를 사랑하면서도 미워하고, 그가 없이는 살지 못했다"는 말은 그에 대한 당시 대중의 심경을 잘 나타내 준다.

기원전 431년, 펠로폰네소스 전쟁이 일어나 아테네와 그 동맹국들이 스파르타와 그 동맹국들과 그리스의 패권을 놓고 일전을 벌이게 되었다. 전쟁이 시작되고 얼마 안가 아테네의 지도자 페리클레스가 사망하였고, 새로운 지도자로 알키비아데스와 니키아스(Nikias)가 떠올랐다. 알키비아데스는 매파의 지도자로서 시실리 원정이라는 장대한 원정 계획을 민회에 제출하였다. 펠로폰네소스 동맹에 속해있는 상당수의 국가는 이탈리아 남부로부터의 식량 수입에 많은 부분을 의존하고 있었으므로 이 계획이 성공한다면 전세는 일거에 아테네 쪽에 유리하게 변화할 수 있는 매력적인 계획이었다.

그는 이 원정을 이끄는 장군 중의 하나로 선임되어 출발을 앞두고 있었으나, 바로 이때에 아테네에서는 커다란 스캔들이 일어났다. 곳곳에 세워놓은 헤르메스(Hermes) 석상, 즉 헤르마이(Hermai)[13]가 훼손되었던 것이다. 이와 함께 안드로클레스(Androkles)라는 이가 나서서 스캔들의 주범이 알키비아데스이며, 이외에도 그는 친구들과 함께 데메테르(Demeter) 여신을 섬기는 비밀스런 제사 의식을 흉내 내 조롱하였다고 고발하였다. 종교적으로 매우 경건하였던 당시의 상황에 비추어 이 고발은 대단히 중대한 것이었다. 그러나 원정의 출발이 가까웠기에 그 재판은 원정 이후로 연기되었다. 원정은 예정대로 진행되었으나, 이 혐의로 수감된 자 중의 하나가 자백하여 원정 도중에 알키비아데스는 아테네로 소환되었다. 아테네로 돌아가면 자신이 유죄 판결을 받게 될 것임을 직감한 그는 그대로 달아나 스파르타로 망명하였다. 그야말로 국운을 건 전쟁 도중에 원정군 최고 수뇌부 중 한 명을 사형에 처하겠다고 위협했고, 원정 계획의 입안자가 적국으로 도망친 꼴이 되어버렸으니, 이 원정의 실패는 불 보듯 당연한 것이었다. 원정의 실패는 펠로폰네소스 전쟁에서 아테네에 결정적으로 불리하게 작용하게 되었다. 아마도 뒷날에 있었던 소크라테스의 사형 판결에는 알키비아데스와 소크라테스의 친분 관계도 한 몫을 하였을 것으로 짐작된다.

스파르타로 망명한 그는 이제까지의 생활 태도를 바꾸어 어떤 스파르타인보다 더 스파르타적인 검박한 생활로 스파르타인의 찬탄을 받았다. 그러나 자신의 버릇은 결국 감추지 못하여 스파르타의 왕비 티마이아(Timaia)와 밀통하였고, 이 사실이 들통 나자 결국 스파르타에서도 도망쳐 페르시아의 태수인 티사페르네스(Tissaphernes)에게로 갔다. 그는 페르시아의 지원을 등에 업고 아테네로 복귀하여 몇 년간 조국에 여러 승리를 가져다주었다. 그러나 기원전 406년, 그가 함대 운용 자금마련을 위해 자리를 비웠을 때 그의 부장이 스파르타의 뤼산드로스에게 대패하자, 그의 정적들은 다시금 그를 탄핵하였다. 그는 다시 한 번 더 페르시아의 태수 파르나바조스(Pharnabazos)에게로 망명해야만 했고, 결국 그곳에서 생을 마쳤다. "페리클레스에게서 모든 것을 물려받았으나, 그 정직함만은 물려받지 못했고, 소크라테스로부터 모든 것을 배웠지만 그 도덕성만은 배우지 못했다"는 평가를 받은 그는 진실로 아테네의 밝은 면과 어두운 면을 한 몸에 갖추어 모두 보여준 인물이었다.

아게실라오스 2세(Agesilaos, 기원전 444~360년)

아르키다모스 2세의 아들이자, 아기스 2세의 이복동생이었던 그는 기원전 399년 주로 뤼산드로스(Lysandros) 덕분에 합법적인 왕자인지 의심되던 레오튀키다스(Leotychidas)를 물리치고 왕위를 계승할 수 있었다. 뤼산드로스는 아게실라오스를 자신의 목적을 위해 이용하려 했으나, 곧 아게실라오스에게 복종하게 되었다. 기원전 396년부터 시작되었던 소아시아 원정에서 프뤼기아(Phrygia)를 점령하고, 페르시아의 아나톨리아 지역 지사인 티사페르네스(Tissaphernes)를 패주시켰으나, 커져가는 페르시아 해군의 위협을 견제하는 데는 실패했다. 기원전 394년 소아시아에서 소환되어 온 그는 육로로 코로네아(Coronea)까지 거의 저항을 받지 않고 진군하였다. 연이은 보이오티아와의 전투에서 승리하긴 했으나, 별다른 성과를 거두지 못하고 돌아와야만 했다. 그러나 기원전 391~388년 사이에는 코린토스 인근과 아카르나니아(Acarnania)에서 작으나마 전공을 세웠다. 그는 사적 감정에서 나온 편의주의로 만티네아(Mantinea), 필로스(Philos), 올린토스(Olinthos)에 대한 스파르타인의 불법적 간섭을 용인하였고, 기원전 382년에는 포이비다스(Phoebidas)의 불법적인 카드메이아(Cadmeia) 점령을, 그리고 기원전 378년에는 스포드리아스(Sphodrias)의 페이라이에우스 점령 시도를 눈감아 주었다. 이 같은 정책을 실시한 결과 아테네와 테바이는 동맹을 맺게 되는데, 아게실라오스가 기원전 378년과 377년 보이오티아를 공격했음에도 그 동맹은 흔들리지 않았다. 그는 기원전 371년 스파르타에서 열리는 평화 회담에 보이오티아 동맹국이 모두 참석해야 한다는 에파미논다스(Epaminondas)의 주장을 거절해 레욱트라의 패배를 자초하게 된다. 뒤이은 스파르타의 몰락 시기인 기원전 370년과 362년에는 스파르타시 방어를 지휘했고, 해외에 용병 대장으로 참전하여(기원전 364년에는 소아시아, 기원전 361년에는 이집트) 국가 수입을 늘리려 애썼다. 그는 기원전 360년 이집트에서 귀국하는 길에 사망하였다.

아게실라오스는 실로 파란만장한 삶을 살았고, 영광의 절정과 나락을 다 함께 경험했던 사람이었다. 그는 다리를 절었고,

몸집도 작고 풍채도 초라한 사람이었다. 그러나 성격이 대범하고 낙천적이며 어려운 상황에 처해서도 결코 절망하지 않았다고 한다. 그의 왕위 계승에 관해서는 유명한 일화가 있다. 이 일화에서 앞서 언급한 바 있던 아테네의 장군 알키비아데스도 한 몫을 차지하고 있는 점은 대단히 흥미롭다.

아기스 재위기에 알키비아데스가 시실리에서 스파르타로 망명해 왔다. 그리고 그는 왕비인 티마이아(Timaia)와의 간통 혐의를 받고 오래 머무르지 못했다. 아기스 역시 그녀가 낳은 아들의 아버지는 알키비아데스라며 자식으로 인정하기를 거부하였다. 두리스(Duris)에 의하면, 티마이아도 여기에 별로 마음 상해하지 않고 왕궁에 있는 헤일로테스 하녀에게 레오튀키다스가 아니라 실제로는 알키비아데스라고 불러야 한다고 속삭였다는 것이다. 더욱이 알키비아데스 자신이 티마이아에게 접근한 것은 바람기에서가 아니라, 그의 후손이 스파르타를 통치하게 하려는 야심 때문이었다고 말했다고 한다. 이때문에 알키비아데스는 아기스를 두려워하여 스파르타에서 떠났고, 아이는 언제나 아기스에게 의심의 눈초리를 받아야 했으며, 적통의 왕자로서의 대우를 받지 못했다. 그러나 아기스가 몸 겨누웠을 때, 레오튀키다스가 애원과 눈물로 그를 설득하여 많은 증인 앞에서 자기 자식이라고 공표하게 하였다.

그럼에도 불구하고, 왕의 사후에 바다에서 아테네를 굴복시켰던 장군이며 이 당시에 스파르타에서 가장 영향력이 컸던 뤼산드로스가 아게실라오스를 왕위에 올리려고 하면서 레오튀키다스는 사생아이므로 계승 자격이 없다는 이유를 내세웠다. 다른 시민들 중에 상당수도 아게실라오스가 뛰어날 뿐 아니라, 아고게(훈련)를 함께 받으며 자랐기 때문에 뤼산드로스의 계획을 열렬히 지지하며 그에게 협력하였다.

그러나 고대의 예언에 조예가 깊고 종교적인 면에 있어서 대단히 현명하다는 평판을 듣고 있던 디오페이테스(Diopeithes)라는 점술가가 있었다. 이 사람은 다리를 저는 사람이 스파르타의 왕이 되는 것은 하늘의 뜻에 어긋난다고 말하며, 결정을 내리는 장소에서 다음의 신탁을 인용하였다.

"성한 발을 가진 스파르타여, 그대가 영광의 절정에 있을지라도, 불구자가 왕위에 오르지 않도록 숙고하라. 오랫동안 예상치 못한 전투와 사람을 파멸시키는 전쟁의 파도가 그대를 덮치리니."

여기에 대해 뤼산드로스는 스파르타인이 신탁에 대해 커다란 두려움을 갖고 있다면 레오튀키다스를 경계해야 할 것이라고 답했다. 절름거리며 걷는 사람에 대해서 신께서 문제 삼으신 것이 아니라, 헤라클레스의 후손도 아닌 비합법적인 혈통을 가진 사람이 왕이 되는 것을 신께서 '불구자가 왕위에 오르는 것'이라고 의미하셨다는 것이다. 그리고 아게실라오스는 포세이돈 신 역시 레오튀키다스가 사생아인 것의 증인이신데,

아기스 왕께서 지진으로 침전에서 뛰쳐나오신 것이 레오튀키다스가 태어난 지 열 달도 전의 일이라고 선언하였다.

이렇게 해서 왕위에 올랐던 아게실라오스는 육체적인 약점과 낭만적인 면이 있는 여러 월권 행위에도 불구하고, 자질과 한계 면에 있어 전형적인 스파르타인이었다. 그는 유능한 전사였지만, 전략보다는 전술에 더 뛰어났고, 해양 제패의 중요성을 이해하지도 못했다. 친구들의 비리를 너그럽게 보아 넘기는 그의 편협한 우정 때문에 스파르타의 헤게모니를 유지시켜주는데 꼭 필요했던 '덕성'이라는 재산이 낭비되어 버렸다. 플루타르코스의 평에 따르면, 그는 관대함 때문에 사랑받고, 관대함 때문에 나라를 망쳐버렸다는 것이다.

페리클레스 vs 레오니다스

페리클레스(Perikles, 기원전 495?~429년)

아테네가 배출한 최고의 지도자로서 민주정의 지도자란 이런 사람이라고 보여주는 듯한 인물이다. 내적으로는 가난한 민중에게 여러 가지 혜택을 주는 정책을 채택하여 아테네 민주 정치를 절정에 달하게 했고, 외적으로는 여러 군사적 업적을 세워 아테네의 위상을 반석에 올려놓는 한편 아테네가 제국주의적인 방향으로 나가 델로스 동맹의 가맹국들을 '착취'하게 하는데 크게 기여한 인물이기도 했다. 기원전 460년부터 그가 전염병으로 사망하는 429년까지를 '페리클레스 시대'라고 부르기도 하는데, 한 세대에 걸친 기간에 개인의 이름을 붙여 부르는 것은 서양사 서술에서 매우 드문 일로 그의 역량과 업적을 반증하는 것이라 하겠다.

그는 아테네에서도 대단한 명문 출신으로서 그의 아버지 크산티포스(Xanthippos)는 기원전 479년 뮈칼레(Mykale)에서 아테네군을 이끌어 그리스를 침공한 페르시아군을 결정적으로 격파하는 데 큰 공을 세운 인물이다. 또 그의 어머니인 아가리스테(Agariste)는 민주정을 정착시켰다고 평가되는 클레이스테네스(Kleisthenes)의 조카딸이기도 하다. 그의 풍모는 다 그럴 듯하였으나, 한 가지 머리의 형태가 무척 길었다고 한다. 그 탓인지 지금껏 남아 전해지는 그의 초상이나 조각은 모두 투구를 반쯤 걸쳐 쓴 모습이다. 그는 당시 아테네 최고의 철학자(혹은 소피스트) 중의 하나인 아낙사고라스(Anaxagoras)에게서 철학을 배웠는데, 그를 일생 동안 계속 존경하며 많은 자문을 구하였다. 또 그는 아낙사고라스의 과학적 사고에도 많은 영향을 받아 미신적인 행동과 사고를 받아들이지 않았다.

그리스, 특히 아테네의 저명한 정치가들이 모두 그렇듯이 페리클레스 역시 연설을 잘 한다고 정평이 나있었다. 그는 '혀 끝으로 무서운 천둥을 일으키는' 페리클레스라고 당대의 희곡 작품 속에서 표현되었을 뿐 아니라, "레슬링에서 그를 넘어뜨리려도 그는 넘어진 일이 없다고 증명하여, 구경꾼들로 하여금 자기 눈을 의심하게 만들고 결국 그의 말을 믿게 한다."라고 묘사되고 있는데, 이 같은 묘사는 연설가에 대한 최고의 찬사라 할 수 있을 것이다.

　문화적인 면에서도 페리클레스의 공적은 대단히 컸으니, 오늘날 아테네 시를 거닐며 감탄을 터뜨리는 관광객이라면 사실상 페리클레스에게 감사해야 할 것이다. 페르시아 전쟁으로 폐허가 되고, 많은 것이 무너져 내린 아테네를 파르테논 신전을 위시한 많은 장려한 건축물로 다시 빛나게 한 것은 바로 그와 그가 선임한 건축가, 조각가, 화가들이었다. 그 모든 건축을 총괄하여 시행한 사람은 페리클레스의 친구로서 그리스 최고의 건축가이자 조각가로 평가되는 페이디아스(Pheidias)였다. 페이디아스의 작품은 여럿 있었다고 하지만, 그 중에서도 금과 상아로 만든 파르테논 신전의 아테나 여신의 거상과 올림피에이온이라고 불리는 제우스 신전의 거상은 당대 그리스인에게도 경이로움의 대상이었다고 한다.

　하지만 아테네 시의 화려한 재건의 비용이 아테네의 자체 조달이 아닌 델로스 동맹의 금고에서 나왔다는 점에 대해서는 당대에도 이미 공금 유용이라는 비난이 있었고, 현대의 많은 학자들이 아테네가 제국주의적인 정책을 펴고 있었다고 보는 데는 이런 면도 한 몫을 하고 있었다. 아테네가 델로스 동맹의 모든 정책을 좌우하고 있었고, 페리클레스는 아테네의 모든 정책을 주도하고 있었으므로 그의 권한은 당시의 그 누구보다 컸다. 그러나 페리클레스의 장점 중의 하나는 자신이 막강한 권한을 행사할 수 있는 자리에 있었음에도 불구하고, 개인적인 탐욕에 넘어가지 않았다는 점이다.

그리고 그가 더욱 더 위대한 지도자로 남을 수 있었던 점은 다른 무엇보다 정직과 청렴으로 일관하면서도 여론에 귀를 기울였고, 또 민중의 소망을 파악하면서도 그것이 국가의 장래에 좋지 않다고 생각되면 최선을 다해서 민중을 설득하였다는 것이다. 그리고 그 설득 과정에서 자신의 의견이 마치 민중 속에서 솟아나온 것처럼 제시하고, 자신은 다시 이를 국가의 정책으로 채택하였다는 점이다.

한편 페리클레스와 아스파시아(Aspasia)의 관계는 많은 호사가의 입에 오르내리는 스캔들 중의 하나였다. 기원전 445년 페리클레스가 이혼한 후, 그의 집안의 안주인이 된 아스파시아는 당대의 미인으로 이름이 높았던 여성이었다. 그러나 일종의 '고급 기생' 혹은 '고급 창부'였던 그녀는 그다지 많은 교육을 받지 못했던 당시 아테네 여성들과 달리 수사학 교육을 제대로 받았고, 소크라테스와 토론을 했다는 기록도 있다. 페리클레스는 그녀를 매우 사랑하여 하루에 몇 번이라도 집을 나갈 때는 반드시 키스하며 헤어지기를 아쉬워했다고 하니 요즘이라도 '닭살 돋게 하는 신혼부부'의 행동이 기원전 5세기에 펼쳐졌던 것이다. 그러나 아스파시아는 자신의 집에 노예가 아닌 아테네 여성을 '창부'로 만들어 페리클레스와 관계시키는 등의 행동을 하여 신을 모독하였다는 죄목으로 고발당하였다. 플루타르코스에 의하면 아스파시아가 죄가 없는 것은 아니었으나, 늙은 페리클레스가 법정에 나가 눈물로 호소한 결과 석방되었다고 한다. 기원전 5세기의 아테네에서 아스파시아의 집을 중심으로 일종의 '요정 정치'가 펼쳐졌고, 그녀는 그 '요정'의 마담이었다고 생각할 수 있을까?

'아스파시아 스캔들'은 유감이지만, 페리클레스 이후로 아테네에서 정직과 청렴, 행정 능력과 군사적 능력, 여론의 수렴과 미래에 대한 비전의 제시라는 모든 면에서 탁월한 민주적 지도자는 나타나지 않았다. 아마도 세계 정치사 전체를 돌이켜 보아도 그 정도의 정치가는 드물지 않을까 싶다. 그는 고전기 아테네의 발달한 문화와 민주정의 대변자이자 후원자, 옹호자였지만, 제국주의적 아테네를 이끌어 나가기도 했던 사람이었다. 민주주의를 신봉한다는 것과 제국주의를 옹호한다는 것이 적어도 고대 아테네에서는 근본적으로 상충되는 것은 아니었다.

레오니다스(Leonidas) 1세(490?~480년 재위)

레오니다스는 스파르타의 두 왕가 중 아기아다이(Agiadai) 왕가의 왕으로서 가족들이 미쳤다고 생각하여 감금한 뒤, 자해하여 죽었다는 이복형 클레오메네스(Kleomenes) 1세의 뒤를 잇고 그의 딸인 고르고(Gorgo)와 결혼하였다. 그는 원래 셋째로 태어났기 때문에 왕위에 오르는 것을 생각지도 않았으나, 클레오메네스가 후계자가 없이 사망하였고, 다른 형인 도리에오스(Dorieos)도 시실리에서 객사하였기 때문에 왕이 되었다. 그에 대해서는 별다른 일화가 알려져 있지 않으나, 기원전 480년 페르시아 전쟁 때, 그리스 북부 테르모퓔라이(Thermophylai) 전투에서 큰 활약을 보여주어 당대의 그리스인과 후대인에게 큰 감명을 주었다. 테르모퓔라이의 통로를 지키기 위해 파견된 그리스군의 총사령관이 되어 전쟁을 지휘했던 그는 후퇴하는 동맹군을 지키기 위해 스스로 전장에 남았다. 그는 700명의 테스피아(Thespia)인, 400명의 테바이(Thebai)인과 함께, 자신의 근위대 300명을 거느리고 몇 배나 되는 페르시아 군에 맞서 이틀 동안 통로를 지켜 시간을 벌고 전사하였다.

레오니다스가 그리스군의 총사령관으로서 마치 일개 장군처럼 직접 결사대를 이끌고 전투를 벌였던 것은 좀 이상한 면이 있다. 여기에 대해서는 당대의 그리스인들도 이상하게 느꼈던 것으로 보인다. 역사가 헤로도토스는 그 이유에 대해서 몇 가지로 설명을 늘어놓고 있기 때문이다. 헤로도토스는 먼저 "레오니다스와 스파르타 병사들은 처음에 지키려고 온 지역을 버리고 후퇴하는 것이 그들에게 어울리지 않는 꼴사나운 일이라고 간주했다"라고 설명했다. 그리고 아마도 레오니다스는 자신의 명예를 위해서 남아야 했을 것이라고 덧붙여 말한다. 여기까지는 전투에서의 후퇴나, 전장의 이탈을 극도로 혐오하는 스파르타의 관행을 생각해보면 이해 못할 바도 아니다. 헤로도토스는 여기에 더해서 (오늘날의 우리에게 잘 납득이 되지는 않지만) 신탁을 들어 그 이유를 한 번 더 합리화시키고 있다. 전쟁이 일어났던 초기에 스파르타인이 델포이(Delphoi)의 신탁소에 가서 무녀에게 신탁을 구했을 때, 다음의 신탁을 받았다는 것이다.

> 그대들, 광활한 라케다이몬의 길들에 살고 있는 그대들에
> 게 이러한 운명이 지워졌노라.
> 현재 강력하고 명망 높은 그대들의 도시가 페르세우스의
> 자식들에 의해 약탈되든지,
> 아니면 헤라클레스의 혈통을 이어받은 왕의 죽음을 라코
> 니아 전역에서 애도하게 되리라.
> 그대가 황소나 사자의 용기를 갖고 있어도 적을 정복하
> 지 못하리니,
> 적은 제우스처럼 강력하게 오나니, 그의 발길을 멈추지
> 못하리라.
> 그가 제물로 너희의 왕이나 너희의 영광스러운 도시를
> 제물로 갖기 전까지는.

헤로도토스는 이 신탁을 떠올린 레오니다스가 스파르타의
명예를 위해 다른 동맹군을 돌려보내고 자신들만이 죽음을 맞
이했다고 보았다. 이 전투가 벌어지기 전에 어느 트라키아 사
람이 레오니다스 휘하의 한 전사에게 페르시아군의 수가 하도
많아 그들이 활을 쏘면 화살로 태양이 가려질 것이라는 말을
했다고 한다. 이 말을 들은 스파르타인은 "즐겁군요. 그들이
태양을 가려준다면 그늘에서 싸울 수 있겠네요."라고 태연히
대답했다고 전한다. 레오니다스뿐만 아니라, 휘하의 근위대

병사들마저도 죽음이 닥쳐올 것이 분명한데도 전혀 개의치 않고 끝까지 싸웠던 것은 오늘에 이르기까지 많은 사람들에게 깊은 인상을 남겨주었다.

그들이 전사한 현장에는 후일의 그리스인이 다음과 같은 말이 새겨진 비석을 세워주었다.

그대, 지나가는 이여.
가서 라케다이몬 사람들에게
우리가 조국의 명령에 복종하여 여기 누워있노라고 전해주오.

주

1) 아테네보다는 아테나이 혹은 아쎄나이/아씨나이가 더 원래 발음에 가깝지만, 이 책에서는 독자들의 편의상 아테네로 옮겨놓았다. 또, 고대 스파르타인은 스스로를 스파르타인이라 부르기보다는 라케다이몬(Lakedaimon)인이라고 부르는 경우가 훨씬 더 많았다.

2) metoikoi, 폴리스의 시민은 아니지만 타 지역에서 온 자유민. 여러 가지 권리 면에서 제약을 받았다.

3) 그리스 문화에서 고전기(Classical Age)라 하면 일반적으로 페르시아 전쟁(기원전 490~479년) 이후에서 알렉산드로스 대왕 즉위(기원전 336년) 이전까지를 말하는 경우가 많다. 사람에 따라서는 알렉산드로스가 동방 원정을 시작한 기원전 334년이나, 그가 사망한 324년을 끝나는 시점으로 잡기도 한다.

4) 지중해와 흑해 사이에 끼어있는 서아시아의 반도 지역인 소아시아(Asia Minor)의 서해안. 이곳에는 일찍부터 그리스에서 식민한, 혹은 떠밀리듯 쫓겨난 그리스인이 여러 도시를 이루고 살고 있었다.

5) 대부분 고졸기는 기원전 800년경에서 기원전 479년 사이를 이른다.

6) 아테네의 달력은 헤카톰바이온 달로 시작한다.

7) 이 조각은 현재 대영 박물관에 소장되어 있다.

8) 아게네이오이(ageneioi), 즉 수염이 안난 자들을 위한 부문이었다.

9) 이는 기원전 5세기의 경우이고, 기원전 4세기에는 재판에 출석할 수 있는 권리를 얻었다.

10) Herakleidai, 즉 헤라클레스의 후손

11) 사실 그리스에서는 토지 재산이 없는 사람들이 민회에 참여하는 것이 일반적이지 않았다.

12) tyrannos, 참주는 하층 계급 사람들의 지지를 등에 업고 무력으로 정권을 장악한 일종의 독재자라고 할 수 있다. 그러나 그리스어 튀라노스에는 오늘날의 독재자와는 다른 뉘앙스가 들어있다.

13) 헤르마이는 사각형 돌기둥에 헤르메스 신의 얼굴과 그의 발기된 남근을 새겨 놓은 것인데 사람들이 많이 다니는 길거리 교차점에 주로 세워졌다. 이는 종교적이고 주술적인 의미를 지닌 것으로서 잡귀, 즉 다이몬(daimon)을 쫓는 의미를 지녔다.

참고문헌

필자는 일반 교양인이 쉽게 읽을 수 있도록, 마땅히 각주에 넣어
밝혀 두어야 할 참고자료의 출처를 거의 모두 생략했다. 그 점에
대해서는 양해를 구한다. 참고할 만한 외국문헌 중에서 비교적
구하기 쉽고, 최근의 자료들을 간략히 소개하면 다음과 같다.

Burkert, Walter, *Greek Religion*, Cambridge, Mass., 1985.

Brunschwig, J. and Lloyd, G. E. R.(ed.), *Greek Thought : A Guide to
Classical Knowledge*, Harvard Univ. Press, 2000.

Bury, J. B., and Russel Meiggs, *A History of Greece to the Death of
Alexander the Great*(4th rev. ed.), New York, 1968.

Cartledge, Paul, *The Spartans*, Woodstock and New York, 2003.

Connor, Walter Robert, *The New Politicians of Fifth-Century Athens*,
Princeton, 1971.

Davies, J. K., *Democracy and Classical Greece*, Humanities Press, 1978.

Forrest, W. G., *A History of Sparta 950-120 B.C.*, London, 1968.

Golden, M., *Sport and Society in Ancient Greece*, Cambridge, 1998.

Hodkinson, S., *Property and Wealth in Classical Sparta*, London, 2000.

Hooker, J. T., *The Ancient Spartans*, London, 1980.

Jones, A. H. M., *Athenian Democracy*, Oxford, 1957.

Kennell, Nigel M., *The Gymnasium of Virtue : Education and Culture in
Ancient Sparta*, Chapel Hill and London, 1995.

Larsen, J. A. O., *Greek Federal States*, Oxford, 1968.

Marrou, Henri I., *A History of Education in Antiquity*, New York, 1964.

McGregor, Malcolm F., *The Athenians and Their Empire*, Vancouver,
1987.

Nagle, D. Brendan, *The Ancient World : A social and Cultural History*,
New Jersey, 1989.

Osborne, Robin, *Greece in the Making, 1200-479 B.C.*, Routledge, 1996.

Pollitt, J. J., *Art and Experience in Classical Greece*, Cambridge, 1972.

Pomeroy, S. B., *The Women of Sparta*, New York, 2002.

Pomeroy, S. B.(ed.), *Women's History and Ancient History*, Chapel Hill, NC and London, 1991.

Powell, A., *Athens and Sparta. Constructing Greek Political and Social History to 323 B.C.*, London, 2001.

Shimron, B., *Late Sparta and the Spartan Revolution, 243-146 B.C.*, Arethusa Monographs, 1972.

Talbert, R.(ed.), *Plutarch on Sparta*, Harmondsworth, 1988.

___ 아테네인, 스파르타인

초판발행 2005년 4월 10일 | 2쇄발행 2007년 11월 10일
지은이 윤진
펴낸이 심만수 | 펴낸곳 (주)살림출판사
출판등록 1989년 11월 1일 제9-210호

주소 413-756 경기도 파주시 교하읍 문발리 파주출판도시 522-2
전화번호 영업 · (031)955-1350   기획편집 · (031)955-1357

팩스 (031)955-1355
이메일 salleem@chol.com
홈페이지 http://www.sallimbooks.com

ISBN 89-522-0358-5 04080
      89-522-0096-9 04080 (세트)

값 9,800원